उत्सवः हमारे प्राण

उत्सवः हमारे प्राण

जगराम सिंह

GYAN

उत्सवः हमारे प्राण

ISBN: 978-81-212-1437-7

भारत में सन् 2019 में प्रकाशित
ज्ञान पब्लिशिंग हाऊस,
5, अंसारी रोड, दरियागंज
नई दिल्ली-110002
Phone: 9811692060
ई-मेल: books@gyanbooks.com

मुद्रित: जी. प्रिंट प्रोसेस, दिल्ली

अनुक्रमणिका

आभार

राष्ट्र की एकात्मता, अखण्डता तथा नवचैतन्यता की आधारशिला, जागृत, संगठित, संस्कारित, उद्देश्य प्रेरित, पूर्वजों का सम्मान करने वाला तथा सद्‌गुणों से युक्त भावी पीढ़ी की अक्षय श्रृंखला के वाहक सक्षम, सबल, समर्थ, समरस समाज के बलिष्ठ कंधों पर स्थापित होती है। ऐसे समाज के प्राण–पारस्परिक आत्मीयता, सहृदयता, परिवारिकता, प्रेम, बन्धुत्व आदि श्रेष्ठ गुणों से युक्त उसकी संतानों में वास करते हैं।

ऐसी श्रेष्ठ संतानों में आशा, उत्साह, प्रसन्नता, आनंद सदा सर्वदा एक सा ही हिलोरें लेता रहे और द्विगुणित होकर आनंद की अनुभूति करता रहे, इसी अवस्था को 'उत्सव' अर्थात् 'उत्साह' कहते हैं साथ ही परस्पर आलिंगन में आबद्ध रहने की प्रक्रिया को 'पर्व' अर्थात् 'जोड़' कहते हैं।

ये दोनों ही प्रक्रियाएँ जन–जन को आपस में प्रेम, अपनत्व, भाईचारा, बन्धुत्व का पाठ पढ़ाती हैं साथ ही एक–दूसरे को एक दूसरे से रिश्तों के धागों से जोड़कर एक रखने का भी कार्य करती हैं। रिश्तों की डोर भले ही कच्चे धागे जैसी हो लेकिन बड़ी ही मजबूत होती है, जो अनेक निराशाओं, असफलताओं, संभ्रमों, व्यवधानों में मन को विचलित नहीं होने देती और अति घोर संकटों से उबारकर पुनः एकत्व की अनुभूति कराती है।

ये रिश्ते ही जन–जन के प्राण होते हैं। ऐसे सभी जन–समाज के प्राण होते हैं ऐसा समाज ही राष्ट्र की प्राणशक्ति बनकर राष्ट्र जीवन में अविरत संचरित होता है। वास्तव में यही तो राष्ट्र की सच्ची पूँजी है। इसके कारण राष्ट्र अनेक संकटों का सामना करके भी जीवित रहता है। इसी प्रकार आगे भी जीवित रह सके इसलिए पर्वों अर्थात् उत्सवों को पूर्णरूप से जानकर, समझकर और उसकी अंतर्निहित भावना को अंतःकरण में बसाकर और उसी भाव भंगिमा से उसे मनाकर जिसके लिए उत्सवों का प्रादुर्भाव हुआ है उसे पुनर्प्रतिष्ठित करने का अनुष्ठान आज सर्वदूर अनुभव किया जा रहा है।

इसी पृष्ठभूमि में यह उत्सव रूपी यज्ञ–प्रारम्भ किया। अतः यह कृति रूपी पुष्प राष्ट्र की एकात्मता, मानवता के उत्थान, समाज के कल्याण एवं वसुधा के उद्धार में एक मोती बनकर कण्ठ के हार की शोभा बने और जगत् जननी माँ भारती को गौरवान्वित करने में यथा मंझधार में पतवार की सी भूमिका निभाने के काम आये यही इसकी पृष्ठभूमि में सार अन्तर्निहित है।

यह पुस्तक मेरे विगत वर्षों में प्राप्त अनुभवों एवं अध्ययन पर आधारित है। इसको पूर्णरूप देने में जिन दूरस्थ, निकटस्थ, तटस्थ तथा अंतस्थ सभी अनिर्दिष्ट वरिष्ठजनों, सहभोगियों, सहकारियों, मित्रों आदि की प्रत्यक्ष–अप्रत्यक्ष निस्सीम सहायता से यह पवित्र कार्य निष्कंटक पूर्णत्व की ओर पहुंचा है। उन सभी का मैं ह्रदय से, विनीत भाव से आभार व्यक्त करता हूँ और मैं राष्ट्रीय स्वयंसेवक संघ के उन सभी अधिकारियों के प्रति भी अपनी कृतज्ञता अर्पित करता हूँ जिनके विचारों से मेरा जीवन विकसित हुआ है, जिससे मैं भारतीय संस्कृति का युगानुरूप चित्रण कर सकने में समर्थ हो सका हूँ। इसके साथ ही प्रकाशन के महाप्रबंधक श्री बी. पी. गर्ग जी ने इसे छापने योग्य समझकर अपने सहयोगियों के सहयोग से सुधि अध्येताओं के सम्मुख प्रस्तुत करने का बीड़ा उठाया, उनका एवं उनके सहयोगियों का भी

मैं हृदय की अनंत गहराईयों से आभार व्यक्त करता हूँ। इसी विनती के साथ सभी सुधिजनों से लेखनी के अल्पविराम की अनुमति के लिए प्रतिक्षारत हूँ।

धन्यवाद

जगराम सिंह

अभिप्राय

किसी भी समाज में उत्सव उसके प्राणों की भूमिका निर्वहन करते हैं। उत्सवों के ताने–बाने से ही समाज न केवल गतिशील रहता है बल्कि पीढ़ी दर पीढ़ी समाज की गतिविधियों से परिचित होता रहता है। यही भूमिका संगठनों की भी होती है। संगठन भी समाज का ही लघु स्वरूप होता है और उसकी भी गतिशीलता उसके जीवन के लिए अत्यावश्यक होती है। इसीलिए संगठन भी अपने स्थापना दिवस आदि के रूप में अपने उत्सवों का निर्धारण करता है। चूँकि राष्ट्रीय स्वयंसेवक संघ एक सांस्कृतिक संगठन है, जिसका मुख्य उद्देश्य संस्कृति के आधार पर समाज का प्रबोधन कर उसे सशक्त एवं संगठित बनाना है, इसीलिए इसने अपने उत्सवों में सांस्कृतिक पर्वों को सम्मिलित किया है। यथा– गुरूपूर्णिमा, रक्षाबन्धन, विजयादशमी, मकर संक्रांति, वर्ष प्रतिपदा तथा हिन्दू साम्राज्य दिवस।

इन छः उत्सवों में से पाँच को तो हिन्दू समाज युगों–युगों से मना ही रहा था। किन्तु उनके महत्त्व को विस्तार से नहीं समझता था। जिसके परिणाम स्वरूप वह दौर्बल्य को प्राप्त हुआ। युवा पीढ़ी इनके महत्त्व से परिचित हों सकें, इसीलिए राष्ट्रीय स्वयंसेवक संघ ने 1925 में अपनी स्थापना के बाद से ही इनको उत्सव के रूप में न केवल मान्य किया अपितु युवा वर्ग को इनसे परिचित भी करवाया। आज उसी का परिणाम है कि ये सभी उत्सव अपने सामाजिक और सांस्कृतिक महत्त्व की दृष्टि से भी समाज में प्रतिष्ठापित हो रहे हैं।

छठवाँ उत्सव हिन्दू साम्राज्य दिवस के रूप में मनाया जाता है। यह वह अवसर है जब मुगलिया सत्ता के परकीय जाल से निकलकर हिन्दू समाज ने पुनः हिन्दू पद–पादशाही की स्थापना की थी। यह अवसर हिन्दू समाज की जिजीविषा का परिचायक है इसलिए युवाओं को इससे भी परिचित होना अनिवार्य है।

इस पुस्तक में परिशिष्ट प्रकरण 'भारतीय कालगणना की वैज्ञानिकता' को भी समाविष्ट करने का प्रयास किया गया है। मुझे लगता है कि आज का युवा ही नहीं अपितु सुधि अध्येता भी इससे परिचित नहीं होंगे। इन्ही सब बातों को ध्यान में रखकर इसे स्थान दिया गया है अर्थात् उल्लिखित करने का प्रयास किया गया है।

जिस प्रकार शरीर संचालन के लिए रक्त की आवश्यकता होती है, उसी प्रकार समाज को भी जीवन्त–स्फूर्तिवान–उत्साहवान व स्वस्थ बनाये रखने के लिए जिस प्राण तत्व की आवश्यकता होती है, उसे ही यहाँ उत्सव कहा गया है। इस पुस्तक में इन्हीं उत्सवों को धार्मिक, सांस्कृतिक, सामाजिक, राष्ट्रीय, ऐतिहासिक एवं वैज्ञानिक आदि दृष्टि से निरूपित करने का जो अनुष्ठान किया है, वह नवागन्तुक पीढ़ी के लिए अवश्यमेव मील का पत्थर सिद्ध होगा और परम्परागत विचार प्रवाह को वर्तमान परिप्रेक्ष्य में एक अत्यन्त नयी दृष्टि प्रदान करेगा।

इसी आशा–विश्वास के साथ...

जगराम सिंह

आमुख

'उत्सव' शब्द में व्यक्ति, परिवार, जाति, पंथ व समाज में चेतना जागृत करने की शक्ति विराजमान है। यह शब्द मेले, त्यौहार, पर्व आदि अनेक नामों से प्रत्येक जन में उत्साह का संचार करता है। जब कोई भी किसी भी प्रकार के उत्सव मनाते हैं तो उसके कारण सभी जन में पूर्णतया सक्रियता आती है। सक्रियता केवल शारीरिक रूप में ही नहीं बल्कि बौद्धिक, मानसिक व आत्मिक रूप में भी दिखाई देती है। बहुआयामी प्राणवायु का संचार होता है। गरीब–अमीर, वनवासी, ग्रामवासी, नगरवासी, अनपढ़, पढ़ा–लिखा, जाति–उपजाति, पंथ–उपपंथ, झोपड़ी–महल, राजा–रंक कोई भी हो उत्सव सभी में ऊर्जा भरता है। यह केवल भारत का ही सत्य नहीं बल्कि विश्व के प्रत्येक देश, सभ्यता एवं संस्कृति का भी यही सत्य है। परन्तु भारत में सभी भौगोलिक क्षेत्रों, धर्मों, पंथों, जातियों–उपजातियों, ऋतुओं में वर्ष भर उत्सवों की भरमार रहती है। इसलिए भारत तीर्थों, मेलों व पर्वों का देश माना जाता है। इस कारण से आने वाले चाहे बाह्य अथवा चाहे आन्तरिक तूफान हों भारत उन सबसे निपटने में सक्षम रहा है।

प्रत्येक उत्सव का एक इतिहास होता है। इतिहास को भूतकाल कहते हैं। उसकी विशेषता है कि इतिहास को वर्तमान से जोड़ता है और वर्तमान को इतिहास के करणीय–अकरणीय, सत्य–असत्य तथा सही–गलत का ज्ञान करवाता है। सत्य–सही तथा करणीय से भविष्य के लिए दिशा मिलती है। असत्य–गलत तथा अकरणीय से

भविष्य को सबक (शिक्षा) मिलती है ताकि ये गलतियाँ दोहराई न जायें और भविष्य बर्बाद न हो। 'उत्सव' भूतकाल को वर्तमान से जोड़ते हुए भविष्य के निर्माण का जीवन्त मार्ग तथा उपाय है। इसीलिए कहते हैं कि उत्सवों को धूमधाम से मनाना चाहिए। जैसे विजयादशमी का पर्व है जो बताता है कि नवरात्रि में शक्ति पूजा के सभी स्वरूप जीवनमूल्यों की सजावट है। राम–रावण युद्ध लाखों वर्ष पूर्व का वह इतिहास है जो हर क्षण, प्रत्येक कदम पर मानव को उसके कर्त्तव्य के प्रति जागरूक करता है। जीवन जीने की कला व मार्ग बताता है। आदर्श समाज व राज्य परम्परा का श्रेष्ठतम उदाहरण है। 'रामराज्य' शक्ति एकजुटता में है। भक्ति में शक्ति है। भारत माता की भक्ति तथा सभी भेदों से ऊपर उठकर समरस व एकात्म समाज का निर्माण इस उत्सव का उद्देश्य है। साथ ही छुआछूत मुक्त और पंथों में एक दूसरे का सम्मान करने वाला देश और कोई नहीं वह भारत ही है।

'उत्सवों' से परिवार, समाज व देश की श्रेष्ठ परम्पराओं व जीवन मूल्यों के बारे में जागृत व व्यवहारिक आभास होता है। प्रत्येक उत्सव जीवन जीने तथा कैसा आचरण करना चाहिए इसका मार्ग दिखाता है। जैसे रक्षा बन्धन उत्सव को ले तो प्रत्येक मानव व प्राणी में आत्मीय स्नेहिल सम्बन्ध होने चाहिए। नर–नारी, राजा–प्रजा, सैनिक–असैनिक, पशु–पक्षी, स्वामी–सेवक, प्रकृति–मनुष्य, देवी–देवता, प्रभु–भक्त, आचार्य (गुरु)– शिष्य आदि में आपसी सम्बन्ध निःस्वार्थ का ही नहीं बल्कि परमार्थ और आस्था भरे प्यार रूप में होना चाहिए। प्यार की निर्मल धारा बहनी चाहिए। मैं नहीं हम के रूप में जीने का भाव हिलोरे लेना चाहिए। एक दूसरे का पालक, सहारा बनना, शोषण नहीं पोषण का भाव हो। चरित्र की शुद्धता रहना ही समाज को बुराईयों से बचाता है। उत्सवों से यह दृष्टिकोण भी प्राप्त होता है कि नारी के प्रति कौन सा भाव चाहिए। नारी–बेटी के रूप में जन्मती है, वही बहन बनती है, वही पत्नी व माँ बनती है। अगर बेटी नहीं है तो माँ ही नहीं होगी, अगर

माँ नहीं तो कोई भी प्राणी इस संसार में आ ही नहीं सकता। इसलिए इस भाव से भ्रूण हत्या, बलात्कार, घरेलू हिंसा तथा नारी से भेदभाव समाप्त होते हैं। बेटी बोझ नहीं बल्कि वरदान है। बेटी के जन्म को धूमधाम से मनाने की परम्परा थी पुनः वही परम्परा लौटनी चाहिए और अब लौट भी रही है।

'उत्सव' के कारण प्रदूषण से मुक्ति का मार्ग खुलता है– जैसे ही उत्सव आता है घर, दुकान, मोहल्ला, बाजार, कार्यालय अर्थात् सभी ओर स्वच्छता का आन्दोलन चल पड़ता है। गन्दगी को बाहर निकालना और अग्नि को समर्पित कर स्वच्छता का राज्य स्थापित किया जाता है। पेड़–पौधे लगाये जाते हैं। सभी वस्तुओं को साफ–सुथरा कर उचित ढंग से सजाया जाता है। उत्सवों के कारण घर–आँगन मोहल्ला–बाजार कार्यालय आदि में स्वच्छता रूपी सुन्दरता व सुगन्ध रूपी प्रकाश फैलता है। गन्दगी में दुरात्माओं का वास होता है जबकि स्वच्छता में देवताओं का वास होता है। कभी–कभी किसी वस्तु व गुण की अधिकता मनुष्य को विनम्र बनने के स्थान पर अहंकारी व अत्याचारी बना देती है। अहंकार, अत्याचारी प्रवृत्ति व आचरण, दुराचरण–मानव को, परिवार को, समाज को उजाड़ता है। उत्सव इन सबमें मुक्ति का भाव पैदा करते हैं और उसे निर्मल, सदाचारी जीवन प्रदान करते हैं।

सांस्कृतिक नैतिक जीवनमूल्य प्रत्येक समाज के लिए प्राणवायु के रूप में काम करते हैं। भारतीय सांस्कृतिक नैतिक जीवनमूल्य विश्व में सर्वाधिक श्रेष्ठ रहे हैं। 900–1200 वर्ष पूर्व में एक बौद्धिक भ्रमण का आन्दोलन चला था। जिसमें अनेक देशों व सभ्यताओं के नानाविध–विद्वान् मैगस्थनीज, फाह्यान, ह्वेनसांग, अलबरूनी, कोलम्बस, वास्कोडेगामा आदि–आदि ने अपने–अपने देशों से निकल कर विश्व के प्रमुख देशों व सभ्यताओं के साथ सम्पर्क कर प्रत्यक्ष साक्षात्कार किया था। उस समय जो लोग उस समय के विशाल भारत में आये थे उन्होंने भारत पर अपने अनुभव लिखे और सभी ने कहा कि यहाँ के लोग घरों को

ताला नहीं लगाते। सैकड़ों–हजारों मील प्रवास करने पर कहीं कोई भीख माँगने वाला नहीं मिला। जहाँ–जहाँ भी गाँव, बस्ती, वन, नगर में जाना हुआ वहाँ अनजान होने व भाषा न जानने पर भी परायापन नहीं अपनापन मिला। समाज में अतिथि देवो भवः की श्रेष्ठ परम्परा के प्रति आस्था है। इसलिए कहीं भी जाने पर सोने को बिस्तर और खाने को भोजन, पीने को दूध–दही, शरबत आदि मिलता था। भोजन पूछा ही नहीं जाता था बल्कि परोसा व सम्मान से खिलाया जाता था। ऐसी सभी बातें इन विद्वानों ने न तो स्वयं अपने देश के बारे में लिखी और न ही अन्य किसी देश (इंग्लैण्ड अमेरिका, चीन, रूस जापान, फ्रांस, तुर्किस्तान, अरब, जर्मनी) आदि के बारे में ही लिखीं।

यह भारत–भारतीय एवं भारतीयता प्रत्यक्ष रूप में देश, समाज एवं राष्ट्रीयता ही है जिसने विश्व के सभी पंथ–सम्प्रदायों को केवल सहन ही नहीं किया बल्कि स्वीकार कर सम्मान भी किया है। चाहे वे पंथ, उपपंथ भारत में जन्में हों या विश्व के किसी भी देश में जन्में हों उन्होंने अत्याचार का मार्ग ही क्यों न अपना लिया हो तो भी उन्हें स्वीकार किया है और उनका सम्मान भी किया है। भारतीयता का यह सदैव श्रद्धा व आस्थापूर्ण आचरण रहा है कि ईश्वर एक है मार्ग अनेक हैं। सभी मार्ग उसी एक सत्य का साक्षात्कार करवाते हैं। पंथों में भिन्नता हो सकती है, मतभेद हो सकते हैं परन्तु वह एक ही है। पंथों के भेदों से आपस में टकराने की आवश्यकता नहीं बल्कि मेल बिठाकर ही चलने की आवश्यकता है। टकराव विनाश है और मेल–जोल विकास है।

विविध भाषा और उस स्वामी के अनेकानेक नाम हैं। स्वामी अलग–अलग नहीं हैं अपितु भाषा में नाम अलग–अलग हैं। इस सत्य का भारतीयता ने सर्वप्रथम साक्षात्कार किया है। उसे (ईश्वर, भगवान्, तारक, वाहेगुरु, अल्लाह–खुदा, गॉड) आदि नामों अथवा उपनामों से पुकारा है। परन्तु वे एक हैं और उसका सीधा एक नाम है कि वह

''ऊपरवाला'' है। यह ''ऊपरवाला'' इतना सत्य, सुन्दर और मंगलकारी अर्थात् प्रकाशवान नाम है जिसका किसी भी भाषा में कोई अनुवाद नहीं हो सकता है। जब उसे पुकारना अथवा उससे मांगना होता है तो सभी ऊपर देखते हैं तथा अपने हाथ और अपना आँचल ऊपर की ओर फैलाते हैं और कहते हैं कि वह तो हर कण–कण में है और हर कण–कण उसी में व्याप्त है। वह एक है इसलिए उसकी दृष्टि में चन्द्रमा, सूर्य, वायु, आकाश, जल, पृथ्वी, मानव आदि की रचना व उत्पत्ति समान है। हिंसा, चोरी, झूठ, दूसरों का मन दुखाना आदि समान जीवनमूल्य हैं। इस सत्य को भारत ने विश्व को ''वसुधैव कुटुम्बकम्'' रूपी महामंत्र बताया। वसुधा याने धरती माँ और हम सभी मानव–जीव–जन्तु–वनस्पति आदि याने प्राणि–मात्र उसकी सन्तान हैं इसलिए सारा संसार एक परिवार है अर्थात् ''वसुधैव कुटुम्बम्'' है। सभी भेदों व हिंसा से मुक्त हम सब प्राणि–मात्र (मानव) एक ही हैं।

वर्ष प्रतिपदा उत्सव याने काल गणना का शुभारम्भ याने भारतीयता याने हिन्दुत्व की विशेषता व प्राचीनता दर्शाता है। और इन्हीं विशेषताओं के आधार पर छत्रपति शिवाजी ने हिन्दवी स्वराज्य की स्थापना की थी। यह राज्य संकुचित, साम्प्रदायिक व कट्टरता का द्योतक नहीं था। बल्कि सभी जातियों व धर्मों (पंथों) के सम्मान का सूचक था। नारी के सम्मान का स्वराज्य था। इस स्वराज्य के घरों में ताले नहीं लगते थे। परन्तु जो मातृभूमि से याने स्वराज्य से धोखा करेगा उसका अपराध अक्षम्य होता था उसे यथोचित् दण्ड भी दिया जाता था। जीवन में एक भी युद्ध में पराजित न होने वाले योद्धा व शासक छत्रपति शिवाजी महाराज थे। उन्होंने विदेशी व विधर्मी के साथ स्वराज्य स्थापना व संरक्षण में कष्ट उठाकर भी जीना, ऐसे जीवन जीने की सार्थकता भी बताई है। मकर संक्रान्ति का उत्सव कहता है कि जीवन में विनाश नहीं सृजन करो। सृजन को ही संक्रान्ति कहा जाता है। अर्थात् अन्धकार से प्रकाश की ओर, अज्ञान से ज्ञान की ओर की यात्रा।

जब ऐसे जीवनमूल्यों का आचरण रूप में निर्माण भारतीयों में अर्थात् हिन्दुओं में होगा तभी वह संघ का स्वयंसेवक कहलायेगा। यह स्वयंसेवक की पहचान उपदेश नहीं आचरण है। धन का संग्रह, दान व चन्दे से नहीं बल्कि अति पवित्र पद्धति गुरु का सम्मान व पूजा करते हुए धन समर्पण करना। यह धन दान चन्दा नहीं बल्कि राष्ट्र निर्माण व जन कल्याण निधि है। इसलिए एक भी पैसे का दुरुपयोग नहीं। यही आर्थिक शुचिता का पर्यायी है राष्ट्रीय स्वयंसेवक संघ का कार्य व उसकी कार्यपद्धति स्वावलम्बी और परिपूर्ण है। यह संघ की विशेषता है।

"उत्सव–हमारे प्राण" पुस्तक के लेखक श्री जगराम सिंह उच्च शिक्षा के पश्चात् स्वयं के लिए नहीं जीना बल्कि समाज के जन कल्याण में ही जीना इस अनुभूति का प्रत्यक्ष उदाहरण और राष्ट्रीय स्वयंसेवक संघ के प्रचारक के रूप में राष्ट्र समर्पित जीवन हैं। अतः मैं लेखक श्री जगराम सिंह को साधुवाद देता हूँ कि उन्होंने इस पुस्तक द्वारा उत्सव और राष्ट्रीय स्वयंसेवक संघ के बारे में जो समाज के सामने दिशा देनेवाला सद्–साहित्य प्रस्तुत किया है। वह निश्चय ही सुधी पाठकों एवं राष्ट्र प्रेमियों के लिए सुपंथ का कार्य करेगा। अतः प्रभु से प्रार्थना करता हूँ कि वे इसी प्रकार अथक परिश्रम, प्रयत्न, चिन्तन व समर्पण के साथ अपने जीवन पथ पर निरन्तर आगे बढ़ते रहें। साथ ही इसी प्रकार भविष्य में भी सद्–साहित्य का सृजन समय–समय पर करते रहें। इसी आशा और विश्वास के साथ उनके उज्ज्वल भविष्य की मंगल कामना करता हूँ।

इन्द्रेश कुमार

इन्द्रेश कुमार

अ.भा. कार्य. सदस्य

राष्ट्रीय स्वयंसेवक संघ

प्रस्तावना

विश्व के दिग्विजयी देशों के इतिहास का अध्ययन करते समय यह बात सभी के ध्यान में आती है कि जागृत और संगठित समाज से युक्त देश ही विश्व में सम्मान प्राप्त करता है और प्रगति पथ पर अग्रसर होता है। समाज के हर व्यक्ति के मन का सात्विक भाव, सामाजिक दायित्व बोध, बंधुभाव, देश–धर्म–संस्कृति के प्रति अभिमान तथा उसकी रक्षा हेतु आवश्यक कर्तव्यभाव, विजिगिषु वृत्ति, अपने पराक्रमी पूर्वजों के प्रति अभिमान यही जागरूकता के प्रमुख लक्षण है। इन सारी बातें को ध्यान में रखते हुए अपने देश में हमारे श्रेष्ठ पूर्वजों की प्रेरणा से यह समाज हजारों वर्षों से विविध उत्सव, त्यौहार, पर्व मनाते हुये हम देख रहे हैं। इन सभी के पीछे एक समान उद्देश्य है वह याने समाज में ऐसा संगठन निर्माण हेतु आवश्यक समरसता का भाव तथा निरंतर जागृत देशभक्ति, विजिगिषु वृत्ति के बल पर अपना यह राष्ट्र विश्व में एक वैभव संपन्न, महान राष्ट्र बने, प्रतिष्ठित हो, सम्मानित हो।

अपने राष्ट्र को वैभव संपन्न बनाने का लक्ष्य लेकर 1925 में राष्ट्रीय स्वयंसेवक संघ का कार्य प्रारंभ हुआ। इसके लिये योग्य पद्धति और मार्ग वही है जो अपने देश में विभिन्न उत्सव स्थापित करने वाले हमारे श्रेष्ठ पूर्वजों के मन में था।

अपने देश में सैकड़ों उत्सव हैं। समाज के व्यक्ति–व्यक्ति को चरित्रवान बनाकर उनमें श्रेष्ठ गुणों का निर्माण करते हुये हिन्दुत्व याने राष्ट्रीयता के आधार पर उन्हें संगठित करते हुये ऐसे संगठित सामर्थ्य के बल पर ही राष्ट्र को वैभव संपन्न बनाना यह संघ का उद्देश्य है। इसमें प्रभावी साधन के रूप में उत्सवों का उपयोग करने का प्रयास संघ ने किया। अपने देश में सैकड़ों–हजारों उत्सव हैं। उनमें से अपने लक्ष्यपूर्ति हेतु आवश्यक ऐसे छः उत्सवों का चयन संघ ने किया। इन

सभी छः उत्सवों से अपेक्षित उद्देश्य प्राप्त हो रहे हैं ऐसा अनुभव गत 93 वर्षों में स्वयंसेवक कर रहे हैं।

इन छः उत्सवों में से समाज में विजय का विश्वास जगाना, उसके लिये शक्ति की उपासना, आराधना करना और इस संगठित सामर्थ्य के बल पर आसुरी प्रवृत्ति परास्त हो सकती है यह विश्वास जगाना इस उद्देश्य से वर्ष प्रतिपदा, विजयादशमी और हिन्दु साम्राज्य दिन इन तीन उत्सवों का चयन किया हैं। इनमें से विजयादशमी और वर्ष प्रतिपदा दो त्यौहार–उत्सव अपने देश में हजारों वर्षों से मनाये जा रहे हैं। जो संदेश इन दो उत्सवों से प्राप्त होता है वही हिन्दु साम्राज्य दिनोत्सव से प्राप्त होता है। यह छत्रपति शिवाजी महाराज का राज्याभिषेक दिन है। (ज्येष्ठ शुक्ल त्रयोदशी) किन्तु इसकी जानकारी महाराष्ट्र प्रदेश के बाहर बहुत कम है।

17वीं सदी में आसुरी प्रवृत्ति के क्रूर पाशवी मुगल आक्रमण को परास्त करते हुये, उस समय सभी की पराभूत मानसिकता के कारण जो असम्भव लगता है ऐसे 'हिन्दवी स्वराज्य' की स्थापना उन्होंने की। उस समय के हिन्दु विद्वान पंडित कहते थे कि इस देश में एक तो परमेश्वर या दिल्ली का बादशाह ही राजा हो सकता है। हिन्दु कभी भी राजा नहीं हो सकता। "दिल्लीश्वरों वा जगदीश्वरो वा।।" ऐसे समय में सामान्य व्यक्ति के मन में अपने देश–धर्म संस्कृति के प्रति भक्ति जगायेंगे तो सामान्य व्यक्ति असामान्य त्याग कर सकता है, असामान्य पराक्रम कर सकता है, असामान्य बलिदान कर सकता है इस दृढ़ विश्वास के बल पर छत्रपति शिवाजी महाराज ने कार्य किया। सामान्य हिन्दुओं को संगठित करते हुये यह कर्तव्य का, समर्पण का भाव जागृत किया और इतिहास साक्षी है कि हजारों सामान्य लोगों ने देश–धर्म–संस्कृति की रक्षा के लिये असामान्य त्याग, पराक्रम और बलिदान किया। ऐसे सैंकड़ों तेजस्वी उदाहरण हैं जिनको यहां लिखना संभव नहीं। यद्यपि शिवाजी महाराज का कार्यक्षेत्र महाराष्ट्र रहा तो भी उनके आंखों के सामने अखण्ड हिन्दुस्थान था। उनके ही

शब्दों में अगर कहना है तो "हिन्दवी स्वराज्य" की सीमा जो उन्हें अपेक्षित थी "सिन्धु नदी के इस तीर से लेकर कावेरी नदी के उस तीर तक।" किन्तु शिवाजी महाराज को केवल 50 वर्ष की आयु मिलने के कारण यह कार्य महाराष्ट्र तक सीमित रहा। शिवाजी महाराज में भगवान श्रीकृष्ण के अनेक गुणों का दर्शन होता है। ऐसा तेजस्वी प्रेरणादायी शिवराज्याभिषेक दिन "हिन्दू साम्राज्य दिन" होने के कारण संघ संस्थापक डॉ. हेडगेवार जी ने संघ के छः उत्सवों में इसे समाविष्ट किया। जागृत संगठित दैवी शक्ति के बल पर प्रबल आसुरी शक्ति परास्त हो सकती है इसका 17वीं सदी का यह ज्वलंत उदाहरण है।

इसके साथ ही अगर समाज को संगठित करना है तो समाज के सभी घटकों में परस्पर एकता, बंधुता और समरसता का भाव अति आवश्यक है। यह बन्धुभाव, स्नेह, आत्मीयता जगाने वाले दो उत्सव "रक्षाबन्धन और मकर संक्रांति" इनको इन छः उत्सवों में डॉ. हेडगेवारजी ने समाविष्ट किया। अपने देश में इन उत्सवों का स्वरूप पारिवारिक और प्रादेशिक रहा है किन्तु संघ ने इन उत्सवों को सामाजिक तथा राष्ट्रीय भाव से जोड़ दिया और इन्हें केवल देशव्यापी ही नहीं बल्कि विश्वव्यापी बनाया।

इसी प्रकार से समाज के प्रत्येक व्यक्ति में देश और समाज के प्रति समर्पण भाव होना आवश्यक है। इस श्रेष्ठ भावना के कारण ही प्रत्येक व्यक्ति अपने–जीवन में राष्ट्र समाज को सर्वश्रेष्ठ स्थान देता है (Nation First) और उसकी उन्नति, सम्मान और रक्षण हेतु समय देता है और अगर समय की मांग होती है तो प्राण भी देता है। भारत से क्षेत्रफल की दृष्टि से 157 गुणा छोटा और प्राकृतिक संपदा की दृष्टि से अति प्रतिकूलता जिसको मिली, जो 1800 वर्षों तक गुलाम रहा और वहां के नागरिकों को 1800 वर्ष अपनी मातृभूमि को छोड़कर दुनिया के अन्यान्य देशों में रहना पड़ा ऐसा देश 'इजरायल'। विभिन्न देशों में रहते हुये पीढ़ियों तक अपने नागरिकों में उन्होंने राष्ट्र के प्रति समर्पण भाव जगाया और 1948 में स्वतंत्रता प्राप्त की और 70 वर्षों में

अपने राष्ट्र को सुजलाम, सुफलाम्, वैभव संपन्न और अपराजित राष्ट्र बनाया। यह समर्पण भाव जागृत करने वाला उत्सव याने "गुरूपूजन उत्सव" संघ ने भगवद् ध्वज को गुरू माना उसके कारण स्वयंसेवकों में व्यक्ति निष्ठा समाप्त होकर ध्येयनिष्ठा जागृत हुयी। त्याग, पावित्र्य, मांगल्य, पराक्रम और बलिदान का प्रतीक भगवद् ध्वज का पूजन करते हुये "शिवोभूत्वा शिवं यजेत्।" इस वचन के अनुसार सामान्य स्वयंसेवकों का जीवन पवित्र मंगल बनकर देश के लिये त्याग करने की भावना जागृत होती है यह 93 वर्षों का अपना अनुभव है।

अपने देश में गत सैकड़ों वर्षों में जो श्रेष्ठ ऋषि–मुनि, संत, महंत, साध्वियां, त्यागी, पराक्रमी महिला–पुरुष हुये इन सभी का एक ही स्वप्न था कि हिन्दू संस्कृति के श्रेष्ठ जीवन मूल्यों को अपने जीवन से प्रकट करते हुये संपूर्ण विश्व के सामने एकरस संगठित समाज के बल पर वैभव सम्पन्न राष्ट्र का श्रेष्ठ उदाहरण (Model) प्रस्तुत करते हुये संपूर्ण विश्व में आनंद, मांगल्य, सौख्य की वर्षा करे। इसी स्वप्न को साकार करने के उद्देश्य से राष्ट्रीय स्वयंसेवक संघ का कार्य चल रहा है। इस संकल्पपूर्ति की यात्रा का एक अंग याने ये छः उत्सव। संघ के प्रचारक, विचारक विद्वान लेखक, विचारक ने अपने अध्ययन, चिन्तन द्वारा इस पुस्तक के माध्यम से इन छः उत्सवों की जानकारी सबके सामने प्रस्तुत करने का सफल प्रयास किया है।

मुझे विश्वास है कि इस पुस्तक को पढ़ने वाले सभी पाठकों के मन में अपनी श्रेष्ठ परम्परा के प्रति अभिमान जागृत होगा और उत्सवों के साथ जुड़े सामाजिक तथा राष्ट्रीय भाव समझकर सभी पाठक अपने जीवन में उत्सवों को सोद्देश्य मनायेंगे और संघ के उत्सवों में सम्मिलित होकर इस राष्ट्र पुनर्निर्माण के कार्य में अपना योगदान देंगे।

सुहास हिरेमठ
(अ.भा.कार्यकारिणी सदस्य)
रा.स्व.संघ

१

गुरु पूर्णिमा

गुरु पूर्णिमा
गुरुर्ब्रह्मा गुरुर्विष्णुः गुरुर्देवो महेश्वरः ।
गुरुःसाक्षात् परब्रह्म तस्मै श्रीगुरवे नमः ।।

आषाढ़ पूर्णिमा (व्यास पूर्णिमा) को मनाये जाने वाले इस उत्सव को गुरूपूजा या ऋषि तर्पण भी कहा जाता है। युग–युग से ज्ञान की ज्योति जिन्होंने जलाये रखी तथा समाज का मार्गदर्शन किया है उन स्फूर्ति दाता, निस्वार्थ तथा समाज धारणा के लिए जीवन समर्पण करने वाले श्रेष्ठ गुरु का स्मरण तथा तर्पण इस दिन अभिप्रेत है।

हिन्दू समाज के अंतर्गत भिन्न–भिन्न धार्मिक पंथ, मत अथवा सम्प्रदाय के अनुयायी अपने पंथ अथवा सम्प्रदाय के किसी श्रेष्ठ पुरुष को गुरु मान कर उसकी पूजा करते हैं। परन्तु गुरु पूजा के विषय में 'राष्ट्रीय स्वयंसेवक संघ' किसी जीवित अथवा मृत व्यक्ति को परिपूर्ण आदर्श के रूप में न देखता है और न मानता है।

गुरु पूर्णिमा एक अत्यन्त महत्त्वपूर्ण और पवित्र अवसर है। इसको व्यास पूर्णिमा भी कहते हैं। इस अवसर पर हमारे यहाँ प्राचीन काल से यह परंपरा चलती आयी है कि प्रत्येक व्यक्ति जिस किसी को हृदय में श्रद्धा का स्थान देकर जीवन का मार्गदर्शक मानें, अपने गुरु के रूप में ग्रहण करें, इस पवित्र दिवस पर उसके सामने उपस्थित होकर श्रद्धापूर्वक उसका पूजन करें। उसके सामने अपनी भेंट चढ़ाकर आत्म निवेदन करें। अपने आगामी वर्ष के जीवन के लिए मार्ग दर्शन करने की प्रार्थना करें।

कोई भी व्यक्ति सर्वगुण सम्पन्न नहीं हो सकता। सर्वगुण सम्पन्न एक परमेश्वर ही है। व्यक्ति में कोई न कोई कमी होती है। फिर ऐसे व्यक्ति को गुरु मान लेना कहाँ तक उचित है। अतः संघ ने विचार किया कि सर्व प्रकार की परिस्थितियों में मार्गदर्शन करने वाला संकट काल में प्रेरणा देने वाला ऐसा क्या कोई नहीं हो सकता? यदि व्यक्ति नहीं, तो कोई प्रतीक चिन्ह अथवा वस्तु क्या नहीं हो सकती? राष्ट्रीय जीवन के पुनर्निर्माण का संकल्प कर उसके लिए श्रेष्ठ गुणों का संचय करने की स्फूर्ति देने वाला, अनेक व्यक्तियों से संबंध स्थापित कर उनको संगठन सूत्र में गूंथने की शक्ति उत्पन्न करने वाला, जिसके

लिए हम जीते हैं, मरते हैं, जो अपना जीवित कार्य है, उसके लिए सदैव प्रेरणा देने वाला, ऐसा वंदनीय कौन सा प्रतीक है कि जिसे हम गुरु के रूप में स्वीकारें। अति प्राचीनकाल से अपने इस राष्ट्र में जो जीवन धारा सतत चली आ रही है, उसमें यज्ञ को सर्वाधिक महत्त्व दिया गया है। यज्ञ अग्नि प्रधान है। अतः इस अग्नि का प्रतीक जो उसकी ज्वाला है उस ज्वाला के रंग का प्रतीक यह ध्वज जिसे हम लोगों ने गुरुरूप में स्वीकार किया है।

किसी पूर्ण विकसित जीवन पुरूष को, जिसने स्वतः को भगवान् के चरणों में समर्पित कर दिया हो, ऐसे अपने संघ निर्माता की ओर हम देखें। उन्होंने अपने जीवन में सिवाय ध्येय के अन्य किसी वस्तु को अवकाश नहीं दिया और अपना पूरा जीवन एक उच्चादर्श के रूप में प्रकट किया। हम परम पूजनीय डाक्टर साहब के आदर्शवादी जीवन का स्मरण करें। उनकी वाणी, उनका बर्ताव, मधुर भाषण, प्रेमपूर्ण व्यवहार और प्रखर ध्येयनिष्ठा का स्मरण करें। राष्ट्रीयता के भावों से व्याप्त और ध्येय के प्रति पूर्णतया समर्पित, हृदय में अन्य किसी वस्तु के लिए स्थान कहाँ ? जीवन में स्वतः के संबंध में जरा भी क्यों न हो? व्यक्तिगत आशा–आकांक्षा रखना अथवा अन्य किसी स्वार्थ भावना अथवा भोग लालसा को किंचित मात्र भी सहारा देना आदि के कारण अपने हृदय में ध्येयनिष्ठा का साक्षात्कार उस मात्रा में कम हुआ है। इसका परिचय देना ही है। हमारे डाक्टर साहब के जीवन में उनके स्वतः के लिए कुछ भी नहीं था। हृदय का अणुरेणु तक अपने महान् आदर्श की साधना में दिन–रात समर्पित था। शक्ति, युक्ति, बुद्धि का कण–कण भी ध्येय की सेवा के लिए ही था। इस प्रकार के उनके आदर्शमय जीवन के भिन्न–भिन्न गुणों को हम अपने जीवन में लाने का प्रयत्न करें।

हमारे इस पवित्र ध्वज में अपनी पूर्ण परंपरा प्रकट करने की जो शक्ति है उसको नष्ट करने के लिए न काल समर्थ है और न यम

दण्ड। इस प्रकार के चिरंजीवी उदीयमान बालसूर्य का तेज धारण करने वाले प्राची के मुख की अरुण ज्योति के समान इस पवित्र त्यागमय ध्वज को हमने अपना गुरु माना है और इस पर हमें गर्व है।

हमारे धर्म में बतलाया गया है कि गुरु और परमात्मा के प्रति एक सी श्रद्धा रखनी चाहिए। क्योंकि गुरु और परमात्मा की महत्ता एक–सी ही है। वास्तव में गुरु वही है जो हमारा सच्चा पथ प्रदर्शक, हमारे उद्देश्य एवं आदर्श की साक्षात् मूर्ति, प्रतीक या हमारे कार्य का साकार स्वरूप हो। गुरुत्व की इस कसौटी पर कस कर ही संघ ने परम पवित्र भगवा ध्वज को जो हमारे हिन्दू राष्ट्र के प्राचीन गौरव, सभ्यता और इतिहास, परंपरा का प्रतीक स्वरूप है, अपना गुरु माना है।

इस प्रकार हमारी महान् संस्कृति का परिपूर्ण परिचय देने वाला प्रतीक हमारा भगवा ध्वज है, जो हमारे लिए परमेश्वर स्वरूप है। इसीलिए इसी परम वंदनीय ध्वज को गुरु स्थान पर रखना उचित समझा है। उसकी सुवर्ण गैरिक कान्ति, पवित्र यज्ञ वेदी की ज्वालाओं के समान है जो शारीरिक भोग लालसाओं को भस्मीभूत करने वाले सन्यासी की त्यागवृति का निदर्शक है। त्यागमय जनसेवा का संकेत चिन्ह है। हमारी संस्कृति, इतिहास, परंपरा, दर्शाने वाले इस ध्वज को हम अपना गुरु क्यों समझते हैं। यह बात कई लोगों को ठीक–ठीक समझ में इसलिये नहीं आती कि उन्हें अपनी प्राचीन परंपरा का सम्यक् ज्ञान नहीं होता, फलतः वे लोग अपने परम्परागत ध्वज को भुला कर किसी व्यक्ति की खोज में चक्कर काटते रहते हैं और ऐसा कोई व्यक्ति जीवित या मृत मिल जाने पर उसी को गुरु मान लेते हैं। परन्तु हमें भूलना नहीं चाहिए कि व्यक्ति कितना भी महान् क्यों न हो, सर्वथा सर्वांग परिपूर्ण निर्दोष व्यक्ति मिलना असंभव है। अतः संघ ने किसी व्यक्ति के बदले ध्वज को ही गुरु के रूप में अपने सामने रखा है।

हमारा दृढ़ विश्वास है कि अंत में इसी ध्वज के समक्ष सारा राष्ट्र नतमस्तक होगा।

अधूरी अवस्था के व्यक्ति को आदर्श मानने के बाद मान लो वह व्यक्ति अपने आदर्शों, सिद्धान्तों, उद्देश्यों से किसी कारणवश हट जाए अथवा गलत रास्ते पर चलने लगे तो इस दुर्घटना की दुष्ट प्रतिक्रिया अनुयायियों के मन में पैदा हो जायेगी। समस्त संसार के विषय में उनके मन में घोर निराशा और द्वेष के भाव भड़क उठेंगे और अंत में इसका फल आत्मघाती होगा। इस प्रकार का अनर्थ संघ में पैदा न हो, इसलिए डाक्टर जी ने शुरु से हमें व्यक्ति पूजा के पाठ कभी नहीं सिखाये।

भगवा ध्वज कैसा होता है ? स्वच्छ आकाश की प्रभात में यदि देखा जाये तो वह हल्के लाल रंग का दिखाई देता है। उसमें सुवर्ण के रंग की छटा रहती है। वही है भगवान् की प्रकाशवान् सूर्य को दी गई ज्ञान की ध्वजा। वही ध्वजा हम लोगों ने हमारी राष्ट्रीय विशिष्टताओं के आविष्कार अथवा प्रतीक रुप में मानी है। भगवद्–ध्वज का अपभ्रंश होकर भगवा ध्वज कहा जाता है। राष्ट्र का प्रत्यक्षरूप प्रकट करने वाला, यज्ञ ज्वाला का प्रतीक, प्रकाशमान सूर्य का यह ध्वज जीवन में अंधेरे को दूर कर प्रकाश देने वाला, ऐसा यह ध्वज जिसे हमने गुरु माना है।

श्रद्धा के श्रेष्ठतम केन्द्र और सर्वशक्तियों को आह्वान देने वाले इस ध्वज को ही हम अपने हृदय में उच्चतम स्थान देंगे। इसी के सामने नतमस्तक होंगे और इसी को जीवन समर्पित करेंगे। यह धारणा लेकर हम लोगों ने इस पवित्र पताका को अपने समक्ष गुरु के रूप में रखा है। इससे अति प्राचीनकाल से आज तक के अपने राष्ट्र के सभी भव्यकार्य, सम्पादित समस्त पराक्रम और तेजस्विता आँखों के समक्ष प्रकट हो जाती है। जगद्गुरु का स्थान प्राप्त करने के लिए आवश्यक

सभी गुणों का समुच्चय इस एक पताका के दर्शन मात्र से अपने अंतःकरण में जागृत हो जाता है। यह तो हमारे जीवन परंपरा की अखण्ड ज्योति के रूप में हमारे राष्ट्र पुरुष अर्थात प्रत्यक्ष परमात्मा के नाते हमारे सामने है। इसकी सेवा के लिए हमें सब कुछ न्यौछावर करने की आवश्यकता है। जीवन को यज्ञरूप मानकर उसी यज्ञ की ज्वाला में स्वयं को भस्म करने के लिए वह हमें प्रोत्साहित करता है, मार्गदर्शन करता है, प्रेरणा देता है। इस प्रकार यह यज्ञ ज्वाला प्रतीक आत्मसमर्पण का द्योतक पवित्र ध्वज ही अपना आदर्श है। इसीलिए हम उसके सामने आकर और इसकी पूजा करके अपने सर्वस्व की भेंट चढ़ाने के लिए ही खड़े होते हैं।

केवल गंध, अक्षत, फूल चढ़ाकर पूजा करना योग्य नहीं। उसके पीछे सर्वसमर्पण की भावना होनी चाहिए। पूजा करके धनरूप से दक्षिणा अर्पण करना, यह उस समर्पण भावना का दृश्य स्वरूप है। यह समर्पण भावना की पूर्णता नहीं है। वह अंतःकरण की भावना का एक उपलक्षण है। इस संघ कार्य के लिए हर एक व्यक्ति की शक्ति और बुद्धि पूर्णरूप से काम में आनी चाहिए। इस राष्ट्र के लिए परमेश्वर की कृपा से जो कुछ प्राप्त हुआ है, वह सब श्री गुरु चरणों में अर्पण करना चाहिए। दिन का कुछ भाग अर्थात् जीवन का कुछ भाग इस कार्य को देना चाहिए। प्रतिदिन राष्ट्र के लिए समर्पित किया हुआ जो समय है उसमें एक क्षण भी अपने लिए काम में नही लाना चाहिए, यह राष्ट्र के लिए समर्पित है। ऐसा स्वभाव बनाना चाहिए।

संस्कृति ही राष्ट्रीय जीवन की आत्मा है। किसी भी मनुष्य या समाज को राष्ट्र की अभिधा तभी प्राप्त होती है जब वह समाज किसी जीवन और विचार प्रणाली को अपना कर किसी गन्तव्य प्राप्ति हेतु अपना सामाजिक जीवन व्यतीत करता है।

जीवन का एक उच्च अन्तिम उद्देश्य और उसकी पूर्ति के लिए स्वतः के प्रति कठोर और दूसरों के प्रति प्रेमपूर्ण व्यवहार का प्रत्यक्ष

आचार इन दो बातों पर हमारी संस्कृति आधारित है। हमारी सांस्कृतिक विचारधारा सदा से यही रही है कि मनुष्य के हृदय में पूर्ण वैराग्य के भाव रहें, उसकी वृत्ति सन्यासी की हो, मनुष्यता से च्युत करने वाली क्षुद्र लालसाओं और इन्द्रियों का दमन कर वह उन्हें मन के पूर्ण अधिकार में रखे, तभी मनुष्य जीवन चरितार्थ हो पायेगा। अन्यथा वह अहर्निश पशु जीवन कहलायेगा। अर्थात् हमारी संस्कृति का अधिष्ठान है त्याग, यज्ञ, बलिदान। हमारी धारणा है कि इसी आत्म–त्याग, आत्म–यज्ञ, आत्म–बलिदान इसके द्वारा ही मनुष्य अपना गंतव्य मोक्ष पा सकेगा। यह है सम्यग्दर्शन हमारी भारतीय संस्कृति का, जो सत्य और त्याग की नींव पर टिकी है।

जिस समाज में भावनाओं की एकता है, जिसकी जीवन परंपरा एक है, जिसके घटकों में समरसता है, आपस में सामंजस्य है, ऐसा यह जो समाज है, उसका धर्म एवं संस्कृति एक ही है। उनका सुख–दुःख समान ही है। वैभव–पराभव की स्मृतियाँ एक ही हैं। इनका एक विशेष जीवन है और वे एक सूत्र में बंधे हुए हैं। अर्थात् इस समाज को हिन्दू नाम से पहचाना जाता है। अतः इस समाज की सुव्यवस्था के लिए व्रत को स्वीकार करना होगा।

जब तक हिन्दू समाज में एकता रही, उस पर कोई विपदा नहीं आयी। परन्तु "जब एक बने रहिए, एक विचार कीजिए" इस प्राचीन आदेश के अनुसार बर्ताव करना छोड़कर छोटे–छोटे गुट और समुदाय निर्मित हो गये और एक दूसरे से ईर्ष्या करने लगे, अनास्था दिखाने लगे, आपस में द्वेष करने लगे, आपस में होड़ करने लगे तब उसका परिणाम यह हुआ कि यह अजेय समाज छिन्न–भिन्न हो गया और ऐसे विभक्त हुए समाज पर परकीय लोगों ने आसानी से विजय प्राप्त की। समाज का छिन्न–विछिन्न जीवन इस दुर्दशा को प्राप्त हुआ। इसलिए पुनरपि समाज को सुसंगठित करने के लिए समाज के सर्वघटकों में पारस्परिक आत्मीयता निर्माण करके उसमें एकसूत्रता

निर्माण करना, यह हमारा सर्वश्रेष्ठ और प्रथम कर्त्तव्य है। अपनी सम्पूर्ण स्वार्थसिद्धि के लिए यह नितान्त आवश्यक है।

ध्येय की साधना के लिए डाक्टर साहब ने अपने स्वभाव (प्रकृति) में भी व्यापक परिवर्तन कर लिया था। ध्येय के सम्पूर्ण साक्षात्कार के कारण ही वे अपना सम्पूर्ण जीवन एक लक्ष्य पर केन्द्रित कर सके। इस प्रकार के पवित्र जीवन को हम हृदय की आखों से हमेशा देखें, इसका स्मरण और अनुसरण करें, इसी में हमारे कार्य की सफलता है। अपने एक मात्र ध्येय और कार्य में निशिदिन वे मस्त थे। किसी से बातचीत भी करते थे तो मन में यही सोचते थे कि संघ के कार्य में इस व्यक्ति का ठीक–ठीक उपयोग किस प्रकार हो। इस प्रकार अपने प्राणघातक रोग को अपने शरीर में ही दबाकर अपनी ध्येय साधना अखण्डित रखने की यह प्रचंड इच्छाशक्ति कितनी विरल है। आज के अवसर पर हम उस आदर्श पुरुष का स्मरण करें, जिसने अपना जीवन दीप अखण्डित जलाया और दीपशिखा बुझने तक जलाता रहा, ऐसे परम पूजनीय, डाक्टर जी के चरित्र का स्मरण हम आज करें।

जीवन के प्रत्येक क्षेत्र में जहाँ कहीं भी हम रहें अंतःकरण में तीव्र ज्वाला लेकर ऐसा आदर्श जीवन प्रकट करें कि प्रत्येक मुख पर हमारा ही नाम रहे। हम चाहें जहाँ काम करें परन्तु हमारे बारे में चारों ओर एक ही वाक्य बोला जाए, कि यह व्यक्ति सत्यनिष्ठा से काम करता है। हम एक आदर्श लेकर चल रहे हैं। अतः हम लोग अपने हृदय में यह दृढ़ निश्चय करें कि जिस–जिस क्षेत्र में हम पदार्पण करेंगे उस क्षेत्र में न केवल आगे बढ़ेंगे, अपितु जीवन का एक आदर्श उपस्थित करके ही रहेंगे। यह निश्चय करके उसके अनुसार जीवन यापन करने की आवश्यकता है।

प्राचीन समय में राजा शिवि ने अपने शरीर का माँस तक और दधीचि ने अपने शरीर की हड्डियाँ तक दान करना भी स्वेच्छा से स्वीकार कर लिया था। प्रत्यक्ष शरीर नष्ट होता जा रहा है फिर भी

अपने आदर्श की ओर बढ़ने की तीव्र इच्छा, असीम त्याग, अडिग निष्ठा का आदर्शवादी जीवन जो स्वतः के तेज से जल गया, कितना तेजोमय, कितना प्रभावशाली, कितना शक्तिशाली था। उस पुण्यमय जीवन का हम स्मरण करें। संघ निर्माता की वह निष्ठा, वह त्याग, वे सारे भाव, हम अपने व्यक्गित जीवन में लाने के लिए प्रयत्नशील रहें। तभी कह सकेंगे कि हमने वास्तविक गुरु पूजा की है। ध्येय की साधना में जीवन की आहुति समर्पित हो इसी में मनुष्य जीवन के पुरुषार्थ की सफलता है। हमारा उद्‌देश्य पूर्ण होता है, तो होता है हमारा सब कुछ सफल, उसी में जीवन सर्वस्व की सफलता है अन्यथा सारी बातें व्यर्थ हैं। इसी निष्ठा से प्रेरित होकर हम अपने अंदर का ईश्वरीय अंश प्रकट करें, कार्य में अग्रसर हों, यही आज परमावश्यक है।

समाज में सिद्धांत शून्यता, स्वाभिमान शून्यता, विफलता से ग्रस्तता, विषय उपभोक्ता की ओर मुड़ी हुई उद्‌दण्ड प्रवृति एवं गुटों और दलों के कारण छिन्न–विच्छिन्न दिखाई देते हुए भी हम उदासीन रहें तो कहां जायें? मनुष्य सचमुच स्वाभिमानी हो तो हृदय का खून निचोड़कर बाहर फेंक दें। इतने अति दुःख की परिस्थिति है, इसलिए संगठन का कार्य करने की शीघ्रता होनी चाहिए। परिस्थिति की दी हुई यह सर्वश्रेष्ठ चुनौती है कि सर्वशक्तियों को एकत्र कर संकटों के सिर पर पैर रखकर खड़ा होना चाहिए। दिन–प्रतिदिन कार्य करके परिस्थिति को काबू में लाना चाहिए। ऐसा परिस्थिति का आह्वान है। शाखा में आने वाले, संघ से प्रेम करने वाले सब लोग इसका विचार करें। बहुत ही कम समय में सामर्थ्य सम्पन्न राष्ट्र का पुनर्निर्माण करना है। इसके लिए समय और शक्ति लगानी चाहिए। त्यागमय भूमिका से सर्वस्व का समर्पण करना चाहिए। ऐसी अपेक्षा है। गुरु पूजन के दिन ऐसा ही संकल्प करना चाहिए। सर्वस्व समर्पण स्थाई भाव से जीवन की सारी शक्ति इस कार्य के लिए अर्पण करने की इच्छा से हर एक को आगे आना चाहिए।

''राष्ट्र का निर्माण करना है हमें।
त्यागमय समर्पण करना है हमें।।
गुरूज्ञान दीप जलाना है हमें।
जग''राम–मंत्र'' से भरना है हमें।।''

२

रक्षाबंधन

हमारे पूर्वजों ने हिन्दू समाज को अनेक गुणों से युक्त करने के लिए अनेक उत्सवों व पर्वों की योजना बनाई है। साथ ही भारत जैसे लम्बे–चौड़े देश में फैले हिन्दू समाज में एकात्म जीवन की अनुभूति हो सके इसके लिए जो व्यवस्थायें की गयीं, पर्वों को मनाने की योजना उनमें महत्त्वपूर्ण है। भारत में जो उत्सव मनाये जाते हैं, उनका स्वरूप धार्मिक, प्राकृतिक व ऐतिहासिक होता है तथा कुछ पर्व राष्ट्रीय अस्मिता को जगाने के लिए भी सृजित किए गए हैं। उत्सवों का स्वरूप चाहे

जैसा हो वह व्यक्ति के शरीर, मन, बुद्धि व आत्मा तक को झंकृत कर देता है। उत्सवों को मनाने से अनायास ही राष्ट्रीय चेतना भी जागृत होती है।

श्रावण पूर्णिमा के दिन मनाये जाने वाले इस रक्षाबंधन पर्व का मूल रक्षा का व्रत लेने में है। उसी के प्रतीक के रूप में धागे के पवित्र सूत्र में परस्पर एक दूसरे को बांधने का विधान है। "वैदिक मन्त्र ॐ सहनाववतु" अर्थात् हम दोनों परस्पर मिलकर रक्षा करें, का यही संदेश है कि समाज के सभी वर्ग गुरु–शिष्य, मार्गदर्शक व साधक, पुजारी–भक्त, राजा–प्रजा, नारी–पुरुष, यजमान व पुरोहित तथा नेता व अनुयायी सभी आज के दिन भेद–भावों को भुलाकर धागे के पवित्र सूत्र में एक दूसरे को बांधकर समतायुक्त समरस समाज के विकास में सक्रिय भूमिका निभायें। शासकों, धन कुबेरों, प्रबुद्धों व प्रज्ञावानों तथा साधारण जनता के बीच के भेदभाव को मिटाकर दूसरे की सेवा करने तथा परस्पर कर्त्तव्य निर्वाह करने का भाव जागृत करें।

उत्थान व पतन प्रकृति का नियम है। हिन्दू समाज ने उन्नति के सर्वोच्च शिखरों को प्राप्त किया तथा कालांतर में उसमें अनेक दुर्गुण भी उत्पन्न हुए। इन दुर्गुणों ने विदेशी आक्रांताओं को यहाँ अपना प्रभुत्व स्थापित करने में सहायता पहुँचाई और परतंत्रता के काल में समाज सुधार के कार्य मंद पड़ जाने के कारण यहाँ और अधिक कुरीतियाँ उत्पन्न हो गयीं। आज हम देख रहे हैं कि हिन्दू समाज को खण्ड–खण्ड कर डालने वाली प्रवृत्तियाँ भारत में सक्रिय हैं। जाति, भाषा व सम्प्रदायों की भिन्नता कभी हिन्दू समाज में विकास का प्रतीक थी किन्तु आज इसका उपयोग समाज को नष्ट कर डालने के लिए किया जा रहा है। लम्बे परतंत्रता के काल में हिन्दू समाज का एक बड़ा वर्ग तो बहुत ही पिछड़ गया। शेष समाज ने उसकी ओर सामान्यतः दुर्लक्ष्य ही किया। परिणामस्वरूप वह कहीं अस्पृश्यों के रूप में, कही वनवासियों, गिरिवासियों व अन्य पिछड़े वर्गों के रूप में और कहीं बड़े–बड़े नगरों

की झुग्गी–झोपड़ियों, बस्तियों में नारकीय जीवन व्यतीत करता दिखाई देता है। ऐसा दीन–हीन, उपेक्षित व अपमानित वर्ग हिन्दू समाज के माथे पर लगा एक बड़ा कलंक है। यदि इसे मिटाया नहीं गया, तो स्वयं हिन्दू समाज ही मिट जायेगा। संभवतः उपरोक्त परिस्थितियों में से मार्ग निकालने के लिए ही सामाजिक समता व समरसता का संदेश देने वाले रक्षाबंधन जैसे पर्वों को हमारे पूर्वजों ने स्थापित किया होगा। राष्ट्रीय स्वयंसेवक संघ हिन्दू समाज में व्याप्त कुरीतियों को नष्ट करके ऐसे समतामूलक समरसतायुक्त शक्तिशाली संगठित हिन्दू समाज के लिए कटिबद्ध है जो अपने प्राचीन वैभव को पुनः प्राप्त कर सके। अतः स्वाभाविकरूप में रक्षाबंधन को भी उसने अपने उत्सवों में सम्मिलित किया है।

अति प्राचीनकाल से हमारे यहाँ कहा गया है कि समाज ईश्वर का व्यक्त रूप है इसलिए उसे जनता रूपी जनार्दन कहा गया है। समाज की भलाई के लिए, उसे बलशाली बनाने के लिए तथा उसकी सुस्थिति के लिए, व्यक्ति को अपना जीवन सर्वस्व होम कर देना चाहिए। 'सर्वसमर्पण' का वास्तविक अर्थ है समाजरूपी शरीर की अर्थात् जनता रूपी जनार्दन की, परमात्मा की पूजा। आज का यह उत्सव भी भारतीयों के स्वाभाविक श्रद्धा केन्द्र सुवर्ण गैरिक ध्वजा के लिए सम्पूर्ण आत्मसमर्पण करने की आंतरिक इच्छा का बाह्य प्रतीक मात्र है।

इस भूमि में प्राचीनकाल से सम्पूर्ण समाज को विराट पुरुष के रूप में सामने रखा गया। प्रत्येक व्यक्ति उस विराट शरीर का एक छोटा सा अंश है। समाज का प्रत्येक व्यक्ति उन जीवपेशियों और अवयवों के समान सम्पूर्ण समाज, शरीर का अविच्छिन्न, अविभाज्य अंग स्वरूप रहकर, समाज शरीर की सेवा के लिए सर्वसमर्पण की भावना से युक्त होकर प्रयत्नशील रहें तभी समाज उत्कृष्टरूप से चल सकता है।

भारत में हिन्दू समाज आदिकाल से साथ रहता चला आया है। इस लम्बे जीवन काल में इसने अनेक उत्थान–पतन देखे हैं। हम हिन्दुओं ने ऐसा अविस्मरणीय वैभव काल देखा है, जिसमें सुख–शांति व समृद्धि के साथ–साथ हमारे पूर्वजों ने मानव को महामानव बनवाने के मार्ग खोज निकाले। एक ओर भौतिक व आध्यात्मिक जगत् में चरमोत्कर्ष प्राप्त किया एवं आज की सभ्य कही जाने वाली जातियों सहित विश्व के सभी लोगों को ''आर्य'' अर्थात् श्रेष्ठ बनाने का महान् कार्य किया और दूसरी ओर कभी यहाँ की भौतिक सम्पदा से आकर्षित होकर व कभी अपने मजहबों को बलात् लादने के उद्देश्य से जब–जब विदेशी बर्बर आक्रमणकारियों ने भारत पर आक्रमण किए, तब–तब यहाँ के समाज ने उनका प्रतिकार करके, उन्हें भारत की सीमाओं से बाहर खदेड़ा अथवा उन्हें अपने में सदा के लिए विलीन कर लिया। गत एक हजार वर्षों से तो हम निरंतर विदेशी आक्रांताओं से संघर्ष करते चले आ रहे हैं। इस कालखण्ड में हम कभी विजयी रहे तो कभी पराजित भी हुए और कभी परिस्थितियों ने समाज को अपने चंगुल में बाधने में सफलता भी प्राप्त की किन्तु हमने कभी पराजय स्वीकार नहीं की। हमारे पूर्वजों ने अपने बुद्धि कौशल से तत्कालीन परिस्थितियों में समाज में चेतना का निर्माण किया तथा देश भक्ति के भाव जगाकर परकीय सत्ता को नष्ट कर पुनः पुराने वैभव को स्थापित करने के प्रसंग उपस्थित किए। आने वाली पीढ़ियाँ ऐसे प्रसंगों से उत्साह प्राप्त कर सकें, इसके लिए हिन्दू समाज में ऐसे सभी प्रसंगों को उत्सव के रूप में मनाने की परंपरा प्रारंभ की गई। इस प्रकार अत्यंत प्राचीन काल से ही प्राकृतिक, धार्मिक, ऐतिहासिक प्रसंगों के साथ–साथ राष्ट्रीय अस्मिता से जुड़े प्रसंगों को लेकर अनेक पर्वों को मनाने की परिपाटी यहाँ उपस्थित हुई है। यही कारण है कि हिन्दू समाज को नया उत्साह प्रदान करने वाला कोई न कोई पर्व प्रतिदिन विद्यमान रहता है, इसीलिए भारत को पर्वों का देश कहा जाता है। संसार में कोई दूसरा ऐसा देश नहीं हैं जहाँ पर्वों की ऐसी श्रेष्ठ श्रृंखला विद्यमान हो।

आज भी सम्पूर्ण भारतवर्ष हमारा है। उसके लिए सर्वसमर्पण करना चाहिए। अपने जीवन में उच्चतम गुणों का संवर्धन कर अपने हृदय को पूर्णतया विकसित करके, स्वार्थ तथा अहंकार रहित होकर, राष्ट्र माता के चरणों में स्वयं को समर्पित करना चाहिए। इस राष्ट्र भावना के अभाव स्वरूप पन्द्रह सौ वर्ष के उस इतिहास के पुनरावृत्ति की संभावना दिखाई देती है।

राष्ट्र के अंदर एकात्मता से उत्पन्न होने वाला पवित्र चैतन्य शिथिल हो गया है और भाग्य सूर्य को राहु–केतु ने ग्रस लिया है। इतिहास को सामने रखकर ही उत्तम संस्कारों द्वारा समाज के एक–एक व्यक्ति को पूर्णतया स्वार्थ शून्य बनाकर उसमें राष्ट्र भावना तथा मनुष्यता का जागरण कर एवं व्यक्ति–व्यक्ति के हृदय में सर्वसमर्पण की भावना को जागृत कर 'आसेतु हिमालय' एक राष्ट्र शरीर निर्माण करना होगा। व्यक्ति–व्यक्ति को स्नेह की पवित्र माला में गूंथकर अनुशासित, राष्ट्र भक्ति से परिपूर्ण एवं राष्ट्र के लिए आत्मोत्सर्ग करने के लिए सदासिद्ध जीवन हमें निर्माण करना होगा।

वर्तमान हिन्दू समाज बिखराव के कगार पर दिखाई देता है। गत एक हजार वर्ष तक विदेशी शासकों से संघर्षरत रहने के कारण समाज रूपी शरीर का एक बड़ा अंग अस्पृश्य, वनवासी, गिरिवासी व अन्य पिछड़े वर्ग के रूप में दीन–हीन व उपेक्षित पड़ा है और शेष हिन्दू समाज चेतनाहीन है। उसमें अपने अंग की पीड़ा को अनुभव करने की संवेदनशीलता मानो नष्ट हो गयी है।

किसी संस्था का अभिमान मन में न रखकर यह कार्य केवल राष्ट्रहित के लिए कर्त्तव्य बुद्धि से करना होगा। राष्ट्रीय स्वयंसेवक संघ के रूप में यह कार्य सबके सम्मुख खड़ा है। इस कार्य के साथ एक रूप होकर उसे बढ़ाने के लिए हम सब प्रयत्नशील हों। यह सुवर्ण ध्वज आत्मसमर्पण तथा त्याग के प्रतीक के नाते अपने सामने खड़ा है। आज का रक्षाबंधन का पवित्र दिन भी सब भेदों से ऊपर उठकर स्नेह

के एक सूत्र में बंधकर, एक राष्ट्र के रूप में खड़े होने का हमें संदेश दे रहा है। इस पवित्र प्रसंग पर पवित्र भावों को हृदय में जगाकर हम राष्ट्र के लिए आत्मसमर्पण करने के लिए आगे बढ़ें।

राष्ट्रीय स्वंयसेवक संघ का उदय सम्पूर्ण हिन्दू समाज को संगठित करके उसे एकरूप बनाना है। वह उसे परम वैभव के उच्चतम शिखर पर देखना चाहता है। जिससे इसका प्राचीन गौरव उसे पुनः प्राप्त हो सके। हम यह जानते हैं कि जैसे शरीर के एक अवयव के दुर्बल हो जाने पर सम्पूर्ण शरीर दुर्बल हो जाता है अतः हिन्दू समाज को सबल बनाने का कार्य समाज के दुर्बल वर्ग को सबल बनाने से प्रारंभ होता है। हजारों वर्षों से सम्पन्न वर्ग ने उसकी उपेक्षा की है। उसके द्वारा की गयी निःस्वार्थ सेवा को उसकी मजबूरी माना है। उसको अपमानित किया है, उसका उपहास उड़ाया गया है। इतना ही नहीं आज भी उसकी दयनीय स्थिति का लाभ उठाने लिए आज के सम्पन्न वर्ग उसे योजनापूर्वक उसी स्थिति में पड़े रहने देना चाहते हैं। परिस्थिति वास्तव में बड़ी भयावह है किन्तु उतना ही दृढ़ संकल्प है। संघ का एक–एक स्वयंसेवक कृतसंकल्पित है। अपने उपेक्षित भाई–बहिनों को सीने से लगाने के लिए आगे आओ। आज रक्षाबंधन के दिन इन भाई–बहिनों को राखी बांधकर और उनके हाथों से अपने हाथों में राखी बंधवाकर एक दूसरे की रक्षा करने का संकल्प व्यक्त करें और हम उन्हें वृहद् हिन्दू समाज का अभिन्न अंग होने की अनुभूति करायें। परस्पर भेदभावों को नष्ट करने के लिए उनके मन की भावना को समझें। उनके सुख–दुख में भागीदार बनें। उनके साथ उठें–बैठे, खेले–कूदें, खायें–पियें, उनमें मान–सम्मान जगायें। अपने निस्वार्थ आत्मीयता पूर्ण व्यवहार से उन्हें अपना बनायें। उनका मन जीत लें। उन्हें अपना बनाने का दायित्व हमारा है। हम अपने इस दायित्व को दृढ़तापूर्वक निभायेंगे। इस बात का हमें आज व्रत लेना है।

वास्तव में यह पर्व सामाजिक समता व समरसता का पर्व है। इससे समाज के सभी स्त्री–पुरुष बिना किसी वर्ण व वर्ग भेदभाव के एक

दूसरे को रक्षा सूत्र बाँधते हुए संकल्प लेते हैं कि ''मैं अपनी शक्ति व बल के आधार पर आपकी रक्षा करुंगा।''

अतः हम भी इस दिन परम वंदनीय भगवा ध्वज को रक्षा सूत्र बाँधकर संकल्प करते हैं कि इस ध्वज की रक्षा का भार हम पर है। जिस समाज, राष्ट्र व संस्कृति का यह पवित्र ध्वज प्रतीक है हम उसकी रक्षा करेंगे। यह समाज का परस्परावलम्बी व अन्योन्याश्रित न्याय का पर्व है।

राष्ट्रीय स्वयंसेवक संघ के रुप में सारे समाज को सुसंगठित करने का कार्य हमारे सामने है। प्रतिदिन शाखाओं के माध्यम से उत्तम संस्कारों द्वारा एक–एक व्यक्ति में निस्वार्थ राष्ट्र प्रेम की भावना जगाकर मानवता के श्रेष्ठ गुणों का विकास समस्त समाज में करना है। इन गुणों के आधार पर राष्ट्र शरीर में फैले हुए सभी दोषों को दूर करते हुए सर्वसमर्पण का भाव निर्माण करना है। इसके द्वारा ही समाज में स्वस्थ शक्ति का संचार होगा तथा हिमालय से लेकर कन्याकुमारी तक एकात्मकता का अनुभव होगा। जैसे शरीर में अनेक अंग, उपांग रहते हैं उसी प्रकार सभी सम्प्रदाय, मत, पंथ, भाषा, वर्ग, आदि राष्ट्र शरीर के अंग है। इन सब अंगों में एक ही चेतना, एक ही रक्त, एक ही प्राण की हलचल है। यह समझ कर सभी अंगों के प्रति एकात्मता का भाव दृढ़ बनाना है। व्यक्ति–व्यक्ति को स्नेह के पवित्र धागे में बाँधकर परम–पवित्र भगवा ध्वज के रूप में अपनी त्यागमयी, शौर्यमयी, संस्कृति की पूजा हमें करनी है। शक्ति और सिद्धांत दोनों एक दूसरे की रक्षा करें। रक्षाबंधन के इस पवित्र संदेश को संघ घर–घर में पहुँचाना चाहता है। हम सभी सहभागी हों यही अपेक्षा है।

निःस्वार्थ प्रेम की भावना से।
मानवता के गुण की हो बृद्धि।।
पूर्ण स्वस्थ शक्ति के संचार से।
जग''राम–मिलन'' से होगी शुद्धि।।

३

विजयदशमी

विजयादशमी के प्रेरणादायक पर्व से हिन्दू समाज के प्रत्येक व्यक्ति का पूर्णरूपेण सुपरिचित होना स्वाभाविक है। यह आसुरी शक्तियों पर दैवी शक्तियों का विजय दिवस है। शस्त्र पूजन कार्यक्रम विजयदशमी महोत्सव का पूर्वार्द्ध है। इस कार्यक्रम का संघ कार्य में विशेष महत्त्व है क्योंकि संघ कार्य राष्ट्र की शक्ति का आह्वान तथा उसे संसार के सम्मुख पुनः सामर्थ्यशील राष्ट्र के रूप में खड़ा करने के

उद्देश्य से ही चल रहा है। आयुध शक्ति के प्रतीक होते हैं। अतः आयुधों की पूजा का तात्पर्य है जिसका आह्वान किया जा रहा है उस शक्ति की पूजा।

हमारे ऋषि–मुनियों ने कहा है कि संसार में सुख भोगना हो, पराभव से बचना हो, तो विजयशाली रहना है। ऐसी इच्छा हो तो अपनी शक्ति नित्य सिद्ध रहनी चाहिए। प्राचीनकाल से शक्ति की महत्ता मानी गयी है। अतः शक्ति की पूजा हम करें। उसके अनुरूप यह उत्सव हम मनायें तभी यह उचित या सार्थक है।

विजय का पर्व जीवन–मरण के संग्राम की काली घड़ियों में क्षणिक पराजय के छोटे–छोटे प्रसंगों में अतीत के गौरव की स्वर्णिम गाथाओं के पुनर्स्मरण मात्र से प्रकाशित होकर विजयोन्मुख भविष्य का पथ प्रशस्त करते हैं। अमावस के अभेद्य अंधकार का अंतःकरण पूर्णिमा की उज्ज्वलता का स्मरण कर थर्रा उठता है।

विजयादशमी हमारे राष्ट्र के अगणित महान् विजयों का पर्व है। हमारा राष्ट्र जीवन केवल दो हजार वर्ष प्राचीन नहीं है। अनादिकाल से असंख्य युगों के राष्ट्र जीवन में हमने दो, चार, दस नहीं असंख्य बार अराष्ट्रीय शक्तियों का मान–मर्दन कर विजय–लक्ष्मी का वरण किया है। सृष्टि के आरंभ से लेकर आज तक धर्म के संग्राम में सतत् रत रहकर हमने राष्ट्र जीवन के उज्ज्वल इतिहास में विजय के अनेक कालखण्ड निर्माण किए हैं। विजयादशमी हमारी सम्पूर्ण विजयों का दिन है। अराष्ट्रीय शक्तियों के पराभव का दिन है।

विजय पर्व के दो भाग हैं, शस्त्र पूजन और सीमोल्लंघन। शक्ति की पूजा करते हुए अजेय सामर्थ्य संचित करने का मंगल प्रयास प्राचीन काल से होता आया है। जिन शस्त्रों की सहायता से धर्म की संस्थापना और अधर्म का नाश किया जाता है उनका पूजन वीरोचित है, धार्मिक है। राष्ट्रीय पर्व की स्फूर्ति दायिनी विधि है। शक्ति पूजन

के पश्चात् अस्त्र–शस्त्र अर्जित सैन्य सजाकर स्वराज्य की सीमाओं को समग्र भूमण्डल पर चतुर्दिक् विस्तृत करने का पुनीत प्रयत्न होता था। हमारी विराट वाहिनियाँ विजय की लालसा से भर कर धर्म की ध्वजा से फहराती चतुरंगिनियों में परिणित होकर सीमोल्लंघन के लिए प्रस्थान किया करती थीं।

विजयादशमी राष्ट्रीय विजय का त्यौहार है। आज के दिन ही पाण्डव अपना अज्ञातवास समाप्त कर कार्य क्षेत्र में पुनः अवतरित हुए थे। यही कर्म क्षेत्र, धर्म क्षेत्र में परिवर्तित हो गया। आज के ही दिन धर्मचक्र प्रवर्तक ने इस पुण्य भूमि पर धार्मिक साम्राज्य की संस्थापना के लिए जन्म लिया था। आज के शुभ मुहूर्त पर ही हिन्दूपदपादशाही के प्रस्थापक शिवाजी की विजयिनी सेनायें मुगलों के आसुरी राज्य की अन्त्येष्टि करने के लिए भवानी का शुभाशीष ग्रहण कर प्रस्थान किया करती थीं। आज की शुभ घड़ी पर ही अरावली के शैल शिखरों पर दास्य के अभेद्य अंधकार को भेदते हुए स्वराज्य के दीपक से स्वधर्म के प्रकाश की दिव्य रश्मियाँ वितरित करने का पवित्र कार्य राणा के मतवाले अनुयायी किया करते थे।

हमारी विश्वविजित विजयों का इतिहास धर्म पर अधर्म की जय गाथाओं से बना है। हमारे राष्ट्र–जीवन की कहानी विशुद्ध राष्ट्रीयता की विजय की कहानी है। प्रतिक्रियात्मक शक्तियों के पराभव की कहानी है। धर्म के सम्मुख अधर्म के आत्मसमर्पण की कहानी है।

हिन्दुओं के सांस्कृतिक इतिहास में विजयादशमी का बड़ा महत्त्व है क्योंकि यह विजय का दिन है। यह विजय न किसी एक व्यक्ति की दूसरे व्यक्ति पर और न ही किसी देश की दूसरे देश पर अपितु यह धर्म की अधर्म पर, नीति की अनीति पर और न्याय की अन्याय पर विजय है। इसी विजय का प्रतीकरूप अपना यह विजयादशमी महोत्सव है। अपने संघ की दृष्टि से तो इस दिन का और भी विशेष

महत्त्व है। इसी पवित्र दिन पर डॉ. हेडगेवार ने अपने राष्ट्रीय स्वयंसेवक संघ की स्थापना की थी।

राष्ट्र याने एक विशिष्ट भूमि उसके प्रति नितांत शुद्ध भावना रखकर स्वयं को उसके पुत्र के रूप में मानने वाला समुदाय, जो भविष्य के प्रति समान आकांक्षा रखने वाला हो। सभी प्रसंगों की स्मृतियाँ संस्काररूप में समान रूप से जिसमें विद्यमान हों। इहलोक के संबंध जिसके अटूट हों ऐसी अन्तर्बाह्य एकता दिखाई देती है। उस मनुष्य समुदाय को राष्ट्र रूप में पहचाना जाता है। ऐसा समाज अपना हिन्दू समाज ही है। यह सत्य निस्संकोच रूप से उद्‌घोषित करना होगा कि वह हिन्दू नाम से परिचित मनुष्य समाज प्राचीनकाल से राष्ट्ररूप में रहा है। भारतीय राष्ट्रीय जीवन याने हिन्दू राष्ट्र जीवन ही है। इसे प्रतिस्थापित करना स्वातन्त्र्य का वास्तविक अर्थ है।

भारत एक राष्ट्र है, यह हिन्दू राष्ट्र है, इस राष्ट्र का निर्माण और संवर्धन हिन्दू समाज ही करता आया है। इस राष्ट्र का भाग्य और भविष्य हिन्दू समाज के भाग्य और भविष्य से जुड़ा है। इसलिए हिन्दू समाज सुसंगठित एकात्म और राष्ट्रीय गुणों से सम्पन्न होना चाहिए। हिन्दू समाज जब ऐसा बनेगा तभी अपना यह राष्ट्र एकात्म सुसंगठित और सुसंस्कारित रहेगा।

दुर्गा का अवतार, श्री राम की विजय और पाण्डवों का अज्ञातवास समाप्त कर पुनः शस्त्र धारण आज भी हमारे निश्चेष्ट जीवन में चैतन्य का संचार कर रहे हैं। आज का दिन राष्ट्र जीवन की महत्त्वाकांक्षाओं को जगाने और उन्हें पूर्ण करने के लिए प्राणपण से जुट जाने का दिन है। आज हमें शस्त्र पूजन कर सीमोल्लंघन करना है। अतः अंतःकरण की संकुचित सीमा का उल्लंघन सीमोल्लंघन ही है। यदि हम सीमोल्लंघन के इच्छुक हैं तो रुढ़ि पालन से ही शांत न बैठें। हमें उन सीमाओं का उल्लंघन करना होगा जिन्होंने हमारे जीवन को संकुचित

बना दिया है। हमें उन सब मनोभावों को तिलांजलि देनी होगी जिन्होंने हमारे मानसिक जगत को सीमित बना रखा है।

आज के महामण्डल पुण्य क्षणों में ही महावीर की आत्म विस्मृति से भरे हुए राष्ट्र के पुनर्जीवन का दैवी कार्य प्रारंभ हुआ था। वर्षों के दौर्बल्य, शैथिल्य, कायरता, निष्क्रियता और व्यामोह से समाज को सर्वदा के लिए मुक्त कर संगठन और शक्ति पूजा द्वारा राष्ट्र के सांस्कृतिक पुनर्जागरण का व्यवस्थित प्रयत्न करते हुए स्वधर्म के अधिष्ठान पर स्वराज्य की सीमाओं के विपुल विस्तार के कार्य का शुभारंभ होता है। यह पावन प्रयास विजय के पर्व से प्रारंभ हुआ है।

समस्त संसार को जीतने के पश्चात् विश्वविजित यज्ञ में सर्वस्व का दान करने वाले राजा रघु की कथा सर्वविदित है। रघु के राघव द्वारा अराष्ट्रीय शक्तियों को समूल नाश करने के लिए समाज की अपहृत लज्जा के पुनः सम्मान प्राप्यार्थ लंका पर की गयी चढ़ाई का वृत्तान्त सर्वविदित है। आज के ही दिन अराष्ट्रीय तत्त्वों के नेता, उपद्रव शक्ति का उपयोग कर आतंक प्रसारित करने की नीति के प्रणेता जगद्‌जननी के अपहरणकर्ता का राष्ट्र पुरुष द्वारा शिरच्छेद हुआ था। राष्ट्र भक्ति को अपमानित करने का मूल्य रावण को अपने दस शीशों के रूप में सब्याज चुकाना पड़ा, दसानन का वध हुआ, इसलिए दशहरा हुआ। असुरों की लंका भारत के पावन चरणों में भक्ति भाव से भरकर कुन्दकली से सुशोभित हुई। धर्म की स्थापना हुई। अधर्म का नाश हुआ। विजय का आनंद स्वजनों में स्वर्ण वितरित कर मनाया गया।

बलशाली राक्षस राज रावण पर भगवान श्री रामचंद्र जी की विजय थी। उसके उपलक्ष्य में विजयदशमी का उत्सव मनाया जाता है। रावण एक महापराक्रमी, महाबलशाली राक्षस था। संसार को पीड़ा देने वाले नवग्रह, बड़े–बड़े राजा, महाराजा, वीरपुरुष और देवता भी रावण से डरते थे। सारी भौतिक संहारक शक्ति उसके पास थी। पर आखिर

उसे किसने हराया, लोग जिन्हे जंगली कहते हैं, जिनके पास सिवाय पेड़ों के एवं पत्थरों के कुछ भी अस्त्र शस्त्र नहीं थे। ऐसे वानरों को संगठित कर उन्हीं के द्वारा प्रभु श्री रामचन्द्र जी ने रावण को हराया था। रावण की भौतिक शक्ति इस संगठित शक्ति का मुकाबला नहीं कर सकी। नाश रावण का हुआ भारतीय समाज, धर्म और सभ्यता का नहीं। श्रद्धा, आशा और उत्साह भरा संगठित बल यदि हम देश में निर्माण करें, तो सारे संकटों को हँसते–खेलते ठुकरा सकेंगे। यही विजयादशमी का संदेश है।

राष्ट्र पुरुष श्रीराम के रूप में जब समाज का क्षात्र तेज–ब्रह्म तेज का योग पाकर राष्ट्र की अपहृत लज्जा को लौटा लाने के लिए लंका की ओर अग्रसर हुआ तो आततायी रावण का अंत, विधि का विधान बन गया। छोटे–छोटे कपियों और भालुओं की सहायता से श्रीराम ने विश्वविजय के गौरव सिहांसन और गर्व मुकुट को पैरों की धूल में परिवर्तित कर दिया। रावण के पास शक्ति थी, किन्तु शील नहीं था। बल था, न्याय नहीं था। रावण के प्रत्येक अनुयायी के हृदय में जलने वाली सर्वस्वार्पण की वृत्ति नहीं थी। स्वयं स्फूर्ति से उत्पन्न होने वाला अनुशासन नहीं था। ध्येय की वेदी पर जीवन पुष्प को अर्पित करने में समाधान मानने वाली पवित्र आकांक्षा नहीं थी और उससे बढ़कर यह विश्वास नहीं था कि अपना मार्ग सत्य और न्याय का मार्ग है। फलतः श्री राम की विजय हुई और रावण पराजित हुआ। राष्ट्र शक्ति को अपमानित करने का मूल्य रावण को सर्वस्व खोकर चुकाना पड़ा।

अपनी परंपरा में अश्विन शुक्ल दशमी अक्षय स्फूर्ति का एक दिवस है। दैवी तथा दानवी प्रवृत्ति में संघर्ष तथा दैवी प्रवृत्ति ने दानवी प्रवृत्ति पर विजय प्राप्त की, अनादि काल से अनेक घटनाओं द्वारा संजीवित किया गया यह दिव्योज्ज्वल प्रतीक है। इसीलिए किसी भी शुभ सात्विक तथा राष्ट्र गौरवकारी कार्य को प्रारंभ करने के लिए यह मुहूर्त सर्वोत्तम माना गया है। विजय की अदम्य प्रेरणा इसके द्वारा उत्पन्न

होती है। सर्वदिव्यगुणों की समवायरूप दुर्गा देवी ने इसी दिन आसुरी सामर्थ्य पर विजय प्राप्त की थी। सभी मानवीय मूल्यों को कुचल कर सद्गुण व सद्प्रवृति को स्थान न देने वाले उन्मत रावण को इसी दिन मर्यादा पुरुषोत्तम श्री राम ने रक्तस्नान कराया था तथा तैंतीस कोटि देवताओं को मुक्त किया था। रामलीला तथा दुर्गा पूजा इन दोनों उत्सवों को इस विजय शाली इतिहास की पावनस्मृति–लोक मानस में बनाये रखने की दृष्टि से ही मनाया जाता है। विजय शाली उत्सव ही प्रत्यक्ष–शक्ति का सामर्थ्य पूजन है।

हमारी अगणित विजयों का इतिहास साक्षी है। विजय की प्राप्ति के लिए विजयी कार्यशक्ति चाहिए। महिषासुर के आतंक से जब मेदिनी थर्रा उठी, धर्म की श्वांस अवरुद्ध होने लगी, अन्यायों ने सर्वत्र सरोष सिर उठा लिया, अत्याचारों की झड़ी लग गयी, तो अराष्ट्रीय शक्ति के आतंक और उपद्रव को सदा सर्वदा के लिए समाप्त करने की दृष्टि से राष्ट्र की सर्वशक्तियों का केन्द्रीयकरण किया गया और समस्त देवों ने अपने प्रखर आयुध, सम्पूर्ण गुण और अपनी सारी शक्ति दुर्गा के अधीन की। समाज की सम्पूर्ण शक्ति से समन्वित होकर राष्ट्र शक्ति ने अराष्ट्रीय शक्ति को ललकारा, अश्विन शुक्ल प्रतिपदा से दशमी पर्यन्त वह विकट संग्राम चला, अंत में दुर्गा की जीत हुई और महिषासुर का मानमर्दन कर दिया गया। हम राष्ट्र की विजय के उपलक्ष्य में इस नवरात्रि का उत्सव मनाते हैं। दुर्गा समाज की संगठित शक्ति का प्रतीक है। व्यक्तिगत और पारिवारिक स्वार्थ साधना को एक ओर रखकर, हमें राष्ट्र की आकांक्षा प्रदीप्ति करनी होगी। दलगत स्वार्थों की सीमा छोड़कर विशाल राष्ट्र के हित चितंन में अपना जीवन लगाना होगा। हमारी विजिगीषु वृत्ति हमारे अंदर अनंत गतिमय कर्म चेतना उत्पन्न करे। राष्ट्र के वैभव के लिए हम रावण की आसुरी, तामसी वृत्ति का नाश कर राम की वृत्ति की विजय के लिए प्रयत्नशील हों। जन–जन के मन में नव चैतन्य निर्माण कर राष्ट्र की विजय तथा

वैभव का पथ प्रशस्त करें। दीपावली हमारे स्वागत के लिए तैयार खड़ी है।

हिन्दू समाज को सुदृढ़ बलशाली बनाना है। शक्ति केवल सेना, अस्त्र–शस्त्र में नहीं होती, बल्कि सेना का निर्माण जिस समाज से होता है, वह समाज जितना राष्ट्र प्रेमी, नीतिमान और चरित्र सम्पन्न होगा। उतनी मात्रा में वह शक्तिमान होगा।

बिना शक्ति के कोई बलशाली नहीं होता, इस संसार में उसके आधार पर राष्ट्र को सुख समृद्धि से परिपूर्ण किया जा सकता है। वास्तविक रीति से राष्ट्र को अपने पैरों पर खड़ा करना है तो स्वाभिमान को जाग्रत करने और विजयशाली बनाये रखने की तथा समग्र भारत के हिन्दू समाज को एकसूत्र में बाँध कर उसमें एकात्मता की भावना जगाकर, निस्वार्थ प्रदीप्ति, राष्ट्रभक्ति सम्पन्न, अनुशासनबद्ध, शक्ति–सम्पन्न, समाज खड़ा करना होगा। आज–कल तो कोई किसी का नहीं। संगठन नाम की वस्तु तो दूर रही, सामान्य तौर से अपने आपमें से जो श्रद्धा, प्रेम, एकात्मता चाहिए, वह भी दिखती नहीं। आपस में सम्बन्ध आत्मीयता के नहीं रहे। एक दूसरे के शत्रु बनकर खड़े हो गये।

और अब केवल छोटे से स्वार्थ, जरा–जरा सी बातें और उसके लिए आपस में खून–खराबा करने की यह अनिष्ट प्रवृत्ति, इसी का बोलबाला हो रहा है। अपने समाज को जो यह खराब आदत लग गई है कि एकाध समय तो वह जागृत होता है परन्तु वह समय आँखों से ओझल होते ही, अपना एकत्व भी ओझल हो जाता है और हम एक दूसरे से लड़ने–झगड़ने में सम्पूर्ण शक्ति लगा देते हैं। यह एक संकट है इसीलिए सतर्क रहने की आवश्यकता है। यह एकात्मकता स्थाई भाव बने, इसके लिए कार्य करना है। संघ यही करता है और करना भी चाहता है।

विजयादशमी का यह पर्व सीमोल्लघंन का भी पर्व है। आज के इस पर्व पर हम सभी हिन्दुओं को पुरानी काल बाह्य रुढ़ियाँ समाप्त करने के लिए मानसिक सीमोल्लंघन करने का दृढ़ निश्चय करना चाहिए। हिन्दू समाज एक सभ्य, उदार, निर्भयी व पराक्रमी समाज है। यही प्रतिभा सर्वत्र जनमानस में अंकित होनी चाहिए। सभ्यता, उदारता, निर्भयता और पराक्रम आदि गुण–समूहों से युक्त हिन्दू समाज ही हिन्दुत्व के मानव कल्याणकारी तत्त्वज्ञान को संभाल सकेगा। ऐसा समाज ही सज्जनों में अभय की भावना और दुर्जनों में अपनी एक धाक निर्माण कर सकेगा। राष्ट्रीय स्वंयसेवक संघ ने १९२५ में ही ऐसे समाज के निर्माण का लक्ष्य सामने रखकर जन्म लिया है। इसी ध्येय को अपने अंतःकरण में निरन्तर जागृत रखते हुए, संघ के कार्यकर्ता अब समाज जीवन के विविध क्षेत्रों में कार्यरत हैं। समाज के प्रति अत्यधिक आत्मीयता, स्वार्थ निरपेक्षता, परिश्रम और साहस के साथ कार्य करने के कारण ही वे उन सभी क्षेत्रों में अपना विशेष प्रभाव पैदा कर सके हैं। राष्ट्र निर्माण में तथा अपने उदात्त तत्त्वज्ञान को व्यवहार में चरितार्थ करने के संघ के इन प्रयासों में आप सभी का सक्रिय सहयोग मिले यही विनम्र प्रार्थना है।

"वयं साम्राज्यवादिना" का मंत्र गूँजे।
क्षितिज से "कटिबद्ध हो" भानु पूंछे।।
प्रचण्ड शक्ति से पराभूत हो मेघ ऊँचे।
जग"राम आगे" काल भी कूँचे।।"

४

मकर संक्राति

आज के दिन भगवान् सूर्य नारायण मकर राशि में प्रवेश करते हुए दक्षिणायन छोड़ उत्तरायण की ओर अग्रसर होते हैं। आज से अज्ञान रूपी अंधकार कम होने लगता है और ज्ञान का प्रतीक प्रकाश बढ़ने लगता है। संघ भी आरंभ से ही निरन्तर प्रगति की ओर अग्रसर होता रहा है। जिस प्रकार उद्गम स्थान के प्रवाह के लघु स्वरूप को

देखकर गंगा की विशालता की कल्पना लोगों को नहीं होती, परन्तु आगे चलकर छोटे से उद्‌गम स्थान से बहता हुआ वह प्रवाह विशाल स्वरूप धारण करता है। उस पवित्रतम प्रवाह में हजारों वर्ष के पापियों को पावन करने का सामर्थ्य है। उसी प्रकार की अवस्था संघ की इस गंगोत्री की भी है। संघ की प्रारंभिक अवस्था में जो शक्ति थी उसे लोग प्रथमतः नहीं समझ सकते थे। वट वृक्ष के सूक्ष्म बीज के अंदर की सुप्त शक्ति का ज्ञान तो क्रमशः और बाद में होता है। जब हजारों प्राणी उसके नीचे विश्रांति और छाया पाते हैं। राष्ट्रीय स्वयंसेवक संघ समस्त हिन्दू समाज को छाया देना चाहता है। संघ कृति पर विश्वास रखता है और आशा करता है कि सारा हिन्दू समाज सुख, वैभव और स्वाभिमान से जीवन व्यतीत करेगा।

संक्रमण का उत्सव हम बहुत महत्त्व का मानते हैं। क्योंकि आज के दिन से ही प्रकाश अर्थात् ज्ञान अर्थात् जीवन की ऊष्मता कम होने का क्रम बदलता है। सृष्टि पुनः अंधकार से प्रकाश की ओर, अज्ञान से ज्ञान की ओर तथा निर्जीवता से जीवन की ओर जाने लगती है। इसीलिए प्राचीन काल से ज्ञान रूपी प्रकाश की उपासना करने वाले भारतीय जीवन में इस दिन का महत्त्व है। अपना कार्य भी आत्म विस्मृति रूपी अंधकार को नष्ट कर आत्मस्मृति तथा आत्म–जागरण करने के लिए ही निर्माण हुआ है। हमारे कार्य के अस्तित्व से ही देश की मुरझाई हुई श्रद्धा पुलकित हो उठी है। राष्ट्र जीवन विषयक अनेक भ्रमों का निराकरण हुआ है एवं दुर्बलता की आत्मविश्वास शून्यभावना के स्थान पर सामर्थ्य की अनुभूति राष्ट्र को होने लगी है। भ्रम को दूर कर ज्ञान प्रदान करने वाले, राष्ट्र के सत्य स्वरूप का साक्षात्कार करने वाले तथा चैतन्यहीन अवस्था में चैतन्य का संचार करने वाले इस श्रेष्ठ कार्य का निर्माण राष्ट्रीय स्वयंसेवक संघ के रूप में राष्ट्र जीवन को योग्य दिशा में प्रवाहित करने के लिए ही हुआ है।

यह दिन तम से प्रकाश की ओर संक्रमण करने के लिए स्फूर्ति देने वाला है। यह दिन समाज को अज्ञान रूपी अंधकार से प्रकाशरूपी ज्ञान की ओर, हीनता से श्रेष्ठता की ओर, क्षुद्रता से गौरव की ओर, निराशा से आशा की ओर तथा अवगुणों का नाश कर, सद्गुणों की ओर जाने की प्रेरणा देता है। इसलिए यह स्वाभाविक ही है कि संघ उसका पालन करे और फिर यह क्षण राष्ट्रीय जीवन में परस्पर स्नेह को पुष्ट करने वाला है। समाज के सारे भेद भुलाकर एकात्मता का साक्षात्कार कराने का उदात्त संस्कार इसी दिन दिया जाता है। राष्ट्रीय स्वंयसेवक संघ हिन्दू समाज में एकात्म राष्ट्रीयता की भावना, परस्पर आत्मीयता के आधार पर जागृत करना चाहता है। इसलिए भी समाज में स्नेहाधिष्ठित जीवन का पोषण करने वाले इस उत्सव का समावेश संघ द्वारा मनाये जाने वाले उत्सवों में किया गया है।

यह समाज अपना है, श्रेष्ठ ज्ञान, शुद्ध पवित्र चारित्र्य एवं निस्वार्थ सेवा के अगणित उदाहरण इसी समाज में उत्पन्न हुए हैं। ऐसे अनेक ज्वलन्त आदर्श हमारे सामने हैं। पर आज आदर्शों के अनुसार आचरण करने वालों की संख्या अत्यन्त अल्प हो गयी है अर्थात् समाज का पतन हो रहा है। इस पतन के कारण ही पूर्व काल में अपने देश पर परकीयों का प्रभुत्व स्थापित हुआ। आत्मविस्मृति के प्रबल लहर में पूरा समाज बहा जा रहा है। उसे रोकने वाले समस्त श्रेष्ठ आदर्श एवं महान् गुण विस्मृत हो रहे हैं और समाज धीरे–धीरे विकृत हो रहा है। व्यक्ति–व्यक्ति में भ्रष्ट मनोभाव निर्माण हो गये हैं। स्वार्थ लोलुपता का बोल–बाला हो गया है। आज संघ ऐसे समाज में कार्य करने के लिए खड़ा हुआ है जहाँ नीतिशून्य, चारित्रहीन एवं भ्रष्टाचारी लोगों को प्रतिष्ठा प्राप्त होती है। उनके ऊपर पुष्पों की वर्षा होने लगी है और दूसरी ओर जिसमें शुद्ध चारित्र्य सम्पन्न, त्यागमयी एवं दृढ़वती निष्ठा होने के कारण खड़े रहने की पात्रता है उनकी प्रतिष्ठा घट गयी है। इतना ही नहीं है तो सारे सद्गुणों का पोषण करने वाले सामाजिक

बंधन एवं आयोजन टूट कर उच्छृंखल जीवन का बोलबाला चल रहा, ऐसी परिस्थिति निर्माण हो गयी है।

जब हमने हिन्दू समाज में जन्म पाकर उसके उत्थान के इस कार्य को विचारपूर्वक ग्रहण किया, तो फिर अब मन की यह शिथिलता क्यों? क्या यह उचित है? संगठन के राष्ट्रीय पुनरुत्थान के इस महान् कार्य में अपने अंतःकरण की धारणा आत्मशून्यता की अथवा अपने ध्येय तक पहुँचने के दृढ़ निश्चय की हो, यही अपेक्षित है। समय–समय पर अनेक कार्यकर्त्ताओं में शिथिलता और उदासीनता क्यों दिखाई देती है? यह एक विचारणीय विषय है।

समाज में खड़े रहकर इस प्रवाह की गति बदलने का विकट कार्य संघ कार्यकर्त्ताओं को करना है। इस भ्रष्ट वातावरण में, जिसमें उच्छृंखलता एवं तात्कालिक ऐहिक सुखों की पतनोन्मुखी विपरीत प्रवृत्ति प्रबल है, पवित्र चारित्र्य सम्पन्न श्रेष्ठ व्यक्तियों का सुन्दर समाज जीवन–निर्माण करने का कार्य आरंभ करने का साहस संघ ने किया है। वह विपरीत प्रभाव अभी तक कम नहीं हुआ है। कुछ अंशों में तो वह प्रबल ही हुआ है। पर इससे तो अपने कार्य को योग्यता एवं आवश्यकता अधिकाधिक प्रतीत होनी चाहिए। लक्ष्य तक पहुँचने के लिए कर्त्तव्य करने का अपना निश्चय अधिक तीव्र होना चाहिए। अपना कदम आगे ही बढ़ाना चाहिए आज तक हमने कम कष्ट नहीं झेले हैं। कर्त्तव्य दक्ष मनुष्य संकटों से विचलित नहीं होते और न निराश ही होते हैं। वे साहस के साथ आगे ही बढ़ते जाते हैं। अंततः कार्य सफल होगा ही। जीवन जितना पवित्र चाहिए उतना न बन सका होगा। परन्तु हमारे अंदर तो मालिन्य को धोकर सच्चरित्र व्यक्तियों के राष्ट्र व्यापी संगठन को पूर्ण होने तक ले जाने का दृढ़निश्चय ही आवश्यक है।

हमें तो समाज को सुसूत्र स्नेहबद्ध एवं एकात्म करना है। हमारा समाज बड़ा एवं देश विशाल है। यहाँ अनंत भेद हैं– जाति भेद, भाषा

भेद आदि के साथ–साथ राजनीतिक दल–दल भी भरा हुआ है। चारों ओर संघर्ष की स्थिति हैं। इन सारी परिस्थितियों में सम्पूर्ण समाज के लिए श्रद्धा, निष्ठा, भावना आदि का एक अधिष्ठान निर्माण करने का विशाल कार्य एकदम कैसे होगा? कार्य का प्रसार करने के लिए, समाज को एक सूत्र में बद्ध करने के लिए, स्थान–स्थान पर एक ध्येय एवं एक आकांक्षा रखने वाले लोगों का संगठन निर्माण करना आवश्यक है। इसके लिए अपने चारों ओर के समाज को स्नेह, सेवाभाव, व समाज प्रेम के गुणों से जोड़ने का कार्य अहोरात्रि करना होगा। प्रत्येक क्षेत्र में प्रभाव निर्माण करना होगा। लोगों का उचित मार्गदर्शन करना होगा। उनका दुख–दैन्य दूर करना होगा। उन्हें सुखी बनाने हेतु हमें सहयोग देना होगा। इस प्रकार की प्रेरणा देने वालों का यह संगठन है जहाँ प्रेरणा ही प्रेरणा देनी है। सम्पूर्ण समाज में योग्यता व पात्रता निर्माण करनी है। इस महान् सुसंगठित शक्ति का एक चैतन्यमय अंश रहकर प्रेरणा, प्रोत्साहन एवं सहायता देने वाला होने के कारण अपना अधिष्ठान स्थिर रखने के लिए स्वयं को संगठन सूत्र से पृथक् होने देना उचित नहीं है और स्वयं दूसरों को प्रेरणा देने की सम्पूर्ण पात्रता लाने के लिए देशव्यापी प्रेरक शक्ति का सदा जाग्रत चैतन्यमय अंग बना रहना कितना अपरिहार्य है।

अतः राष्ट्र के जीवन में असावधानी एवं दुर्बलता का क्षण कभी भी नहीं आने देना चाहिए। उसे सदा सर्वदा सावधान एवं सबल रहना चाहिए। यदि यह सत्य है कि स्वातन्त्र्यावस्था के लिए हमारे मन में प्रेम है, यदि हमारी सच्ची इच्छा है कि उसका रक्षण हो तो क्या स्वातन्त्र्य की रक्षा कर सकने वाली शक्ति को सदा जागृत रखने की आवश्यकता नहीं है? क्या इसके लिए ज्वलंत राष्ट्र भावना एवं प्रेरणा को योजना पूर्वक उच्चतम अवस्था में पहुँचाने की आवश्यकता नहीं है।

वास्तव में तो समाज की सुस्थिति सर्वथा योग्य सामाजिक जीवन एवं राष्ट्र भावना के आविष्कार का परिपाक है। पारस्परिक स्नेहपूर्ण

व्यवहार, अनुशासन युक्त एवं प्रेम पूर्ण भावनाओं से गुंथी हुई सामाजिक एवं राष्ट्रीय जीवन की पात्रता जब समाज में आती है तभी वह समाज सुस्थिति में रह सकता है। अपने कार्य का भी अंतिम लक्ष्य यही है। परन्तु आज सर्वत्र विकृति उत्पन्न हुई दिखाई देती है। राजनीति जीवन सर्वस्व बन गयी है एवं उस क्षेत्र में काम करने से ही प्रगति हो सकती है, यह धारणा प्रबल हो गयी है। हमारी ईष्ट प्राप्ति की दिशा में तो उसका बहुत थोड़ा योग है। अतः हमें अपना सम्पूर्ण ध्यान अपने साध्य पर केन्द्रित करना चाहिए।

संघ ने एक विशिष्ट लक्ष्य अपने सामने रखा है और उसे पूरा करने के लिए उतना ही सामर्थ्यशाली साधन भी इस कार्य के रूप में तैयार किया है। परन्तु इस कार्य की रचना ऐसी विलक्षण है कि साध्य और साधन में कोई दृश्यमान अंतर नहीं है। साध्य को साधन रूप से व्यवहार में मूर्तिमान् खड़ा करने की विलक्षण लगने वाली किन्तु पूर्णतः सफल होने योग्य रचना इस कार्य में निहित है।

पर साध्य साधन की अभेदात्मक रचना पर खड़े किए गये अपने कार्य का चरम लक्ष्य एवं उसकी प्राप्ति के लिए अनुसरण करने योग्य यह मार्ग ही सर्वश्रेष्ठ है। यह विवेक हमें सदैव जागृत रखना चाहिए– अर्थात् चारों ओर के वातावरण के परिणामस्वरूप अपने मन के विचलित होने का कारण नहीं है। साध्य को ही साधन रूप में व्यवहार में उतारने के इस असामान्य प्रयोग को समझकर अपने लक्ष्य पर सर्वदा अटल रहने का दृढ़ निश्चय अपने अंतःकरण में धारण करें। चारों ओर चलने वाले छोटे–छोटे तात्कालिक कार्य भी समाज की सुस्थिति बनाने के उपकरण हैं। इस बात की भी स्पष्ट कल्पना मन में रखकर कार्य करना चाहिए। इस भूमिका से हम समझ सकते हैं कि सर्वतोन्मुखी सर्वांग परिपुष्ट जीवन का आदर्श उत्पन्न करने वाली सम्पूर्ण समाज की प्रेरक शुभ शक्ति का अभेद्य देश–व्यापी स्वरूप निर्माण करने की कितनी नितांत आवश्यकता है। इस बात को समझकर हमें हृदय का शैथिल्य,

अकर्मण्यता, विपरीत विचार, विकार, आत्मविस्मृति एवं अज्ञान आदि के अंधकार को मिटाकर संक्रमण करना चाहिए। आज ही चैतन्य तथा जागृति निर्माण करने के इस श्रेष्ठ कार्य में अग्रसर होने का निश्चय करना चाहिए।

क्षणभर के लिए कल्पना करें कि यदि स्वयं को कृतकृत्य समझने की स्थिति आ ही गयी है तो भी क्या उसे देखकर अहंकार एवं शिथिलता आनी चाहिए। वास्तव में साधना तो अखण्ड चलती रहनी चाहिए। पुनः पतन की आशंका न रहे इसके लिए राष्ट्रीय साधना में खलल नहीं पड़ना चाहिए। शिथिलता से तो कोई लाभ नहीं होगा। पूर्व काल में यही शिथिलता हमारी राष्ट्रीय विपदाओं का कारण बनी, हमारे पूर्वजों ने कई बार शत्रुओं पर विजय प्राप्त की, बड़े–बड़े वैभवशाली राज्य निर्माण किए जिसके कारण शत्रु के होश उड़ गए। परन्तु वह अवसर की ताक में दबकर बैठ गया और वह हमारी दुर्बलता ढूंढने लगा। हमारी शिथिलता एवं तद्जन्य दुर्बलता के उत्पन्न होते ही वह हमारे ऊपर झपटने में चूका नहीं, इस प्रकार पराजित शत्रु अंत में विजयी रहा। इसलिए किसी भी अवस्था में शिथिलता हितप्रद नहीं है।

संघ, हिन्दू राष्ट्र का प्रतिनिधि स्वरूप ही नहीं, बल्कि, वह साक्षात् हिन्दू राष्ट्र ही है। अतएव यह सारी भूमि संघ की ही बनी रहे, स्वामित्व के भाव से हम अपने घर में सुख चैन से रह सकें, इसीलिए यह हमारा सारा प्रयत्न है। भीषण से भीषण आपत्तियों में भी सुख, समाधान, वैभव और स्वाभिमान से हम राष्ट्ररूप में जीवित रह सकें। इसलिए यह हमारा शक्ति संचय का महाप्रयत्न है। संघ के अस्तित्व से सारा हिन्दू समाज बेखटके रह सके, ऐसी हमारी इच्छा है। यह हिन्दू समाज, हिन्दू राष्ट्र, हिन्दू धर्म यहाँ रहेगा। उसे बाहर व भीतर की कोई भी शक्ति नष्ट करने की कल्पना भी नहीं कर सकती।

यहाँ तो कांटे चुभेंगे, आघातों को सहन करना पड़ेगा, पारिवारिक सुस्थिति की चिंता छोड़नी होगी, संघ शाखाओं में जाकर अनुशासित,

सूत्रबद्ध कार्यक्रमों में खड़ा रहना ही होगा। इसके सिवाय अन्य कोई मार्ग नहीं है। इस महान् कार्य को करने का हमें सौभाग्य मिला है। इस कार्य में हमें कांटे, फूलों की अपेक्षा भी मृदु प्रतीत होते हैं। इतनी पवित्रता तथा दृढ़ता अपने अंतःकरण में निर्माण होनी ही चाहिए। ध्येय मार्ग सदा ही कंटकमय होता है। हम नित्य प्रति प्रार्थना में भी अपने मन को इस बात का ज्ञान कराया ही करते हैं। तब कांटों से डरना, पैर रक्त रंजित हो गया है इसलिए बैठ जाना, उदास व निराश हो जाना, ध्येय निष्ठ पथिक का कर्त्तव्य नहीं है।

कार्य की पूर्ति के लिए जो भी उत्तरदायित्व हमारे कंधों पर पड़े उसे पूर्ण करने का आत्मविश्वास हममें से प्रत्येक में होना चाहिए। कोई भी कार्य इस दृढ़ता के बिना नहीं हो सकता। विशेष रूप से संघ का तो नित्य नियम का कार्य है। इसमें दृढ़ता, अटल श्रद्धा एवं विश्वास की नितांत आवश्यकता है। कार्य का दृढ़ निश्चय चाहिए कि अति विषम परिस्थितियों में निर्माण हुए इस कार्य को मैं आगे ही ले जाऊँगा। इस दृढ़ता को पारिवारिक बंधन भी बाधा नहीं पहुँचा सकते। भ्रष्टता का वायुमण्डल अधिक गहरा हो तो शुद्ध वायुमण्डल निर्माण करने का कार्य हमें अधिक प्रभावी बनाना है।

अभी बहुत मार्ग चलना है। हमारा परम कर्त्तव्य है, कि हम जल्दी से जल्दी विशाल शक्ति निर्माण करें, परन्तु क्या केवल एक घण्टा रोज संघ स्थान पर आकर दैनिक कार्यक्रम करने से ही यह शक्ति निर्माण हो सकेगी। स्वयंसेवक की तो निराली ही प्रतिभा होनी चाहिए। दिन रात अंतःकरण में राष्ट्र संबंधी तड़फड़ाहट रहनी चाहिए। डा॰ हेडगेवार कहा करते थे कि जिसके अंदर नवोन्मेषशालिनी स्फूर्ति वास करती हो वह व्यक्ति संघ कार्य के लिए योग्य है।

स्वयंसेवकों में केवल शाखा तक ही जीवन संबंध मर्यादित नहीं रहना चाहिए। परस्पर प्रेम, सहायता एवं अपने–अपने क्षेत्र में प्रवीण

बनने के लिए स्वयं प्रेरणा से अपना व्यवहार होना चाहिए। ध्येय का ज्ञान हो तो इसके लिए तपस्या करने की कल्पना भी हमें करनी चाहिए। समाज में व्यवहार करते समय इसका विवेक नितांत आवश्यक है कि कितने लोगों से संबंध निर्माण हुआ, उनमें कितनी आत्मीयता निर्माण हुई, साथ ही न्यायनिष्ठा का भी कितना जागरण हुआ है। हमें यह कार्य करते समय यह भी ध्यान रखना चाहिए कि इस स्वार्थी मनोवृत्ति को प्रोत्साहन न मिले क्योंकि यह विकृत मनोवृत्ति है। समाज के सब वर्गों के लोग संघ में आयें और आयेंगे। इस बात को सामने रखकर ही हमें संघ के ध्येय को सदा अपनी दृष्टि के समक्ष रखना चाहिए।

हम लोगों में आत्मस्तुति की वृत्ति नहीं होनी चाहिए। यंत्र के समान कार्य करने से कोई लाभ नहीं। नियमित एवं व्यवस्थित रूप से संघ का केवल कार्यक्रम करने से ही यदि हमने समाधान मान लिया तो यह धारणा हमारी भूल होगी। प्रथमतः संघमय जीवन चाहिए। संघ कार्य में जीवन और चैतन्य की अनुभूति चाहिए। बिना विचार किए हुए केवल यंत्र के समान व्यवहार करते रहने से सारा कार्य व्यर्थ हो जायेगा। शव का श्रृंगार करने से क्या लाभ? उससे उसकी लुप्त चेतना कदापि लौट नहीं सकती पर यथार्थ में यह सब कार्यक्रम हमारे सेवक हैं। संघ ने सब प्रकार की दासता को नष्ट करने के लिए जन्म लिया है।

इस पवित्र मुहूर्त पर सन्यासी दीक्षा ग्रहण करते हैं। गुरुजन शिष्यों को आदेश देते हैं। अतएव इस शुभ अवसर पर हम भी अपने जीवन को बदलें। व्यक्तिगत आयुष्क्रम में आज तक का जीवनकाल व्यर्थ खोया परन्तु इसके आगे यह आवश्यक है कि अनेकों की संख्या में ऐसे कार्यकर्त्ता निर्माण हों जो संघ कार्य को ही अपना जीवन कार्य समझें। उसे ही अपने जीवन की आकांक्षा समझें। यह है हमारे जीवन का संक्रमण। सारे हिन्दू समाज की आँखें बड़ी आशा से हमारी ओर देख रही हैं। हिन्दू समाज के जीवन के लिए अत्यन्त आवश्यक

है, कि वटवृक्ष की तरह आसेतु हिमालय सम्पूर्ण भारतवर्ष में हमारा विस्तार हो।

हम अपने जीवन की बाजी लगाकर अपनी शक्ति व सामर्थ्य के बल पर लोगों को आश्वासन दें कि संसार की कोई भी शक्ति इस हिन्दू समाज का कुछ भी नहीं कर सकती। अतएव इसके लिए परम आवश्यक है कि दधीचि मुनि की तरह संघ का प्रत्येक स्वयंसेवक किसी भी क्षण सांसारिक सुख को तिलांजलि देने को तैयार रहे। हमारा हिन्दू समाज आज ऐसा ही आश्वस्त होकर आशामय नेत्रों से हमारी ओर देख रहा है। उस दधीचि मुनि का आदर्श सामने रख प्रत्येक स्वयंसेवक सांसारिक सुखों व भोगों को भुलाकर दृढ़ निश्चय से संघ कार्य को अपनाये। प्रत्येक स्वयंसेवक दधीचि बनकर खड़ा हो जाये तो विपरीत परिस्थितियों में भी हमारा समाज सुख–शांति और गौरव से जीवित रह सकेगा। यही है आज के दिन इस मकर संक्रमण का संदेश।

सुसूत्र–स्नेहबद्ध एकात्म ही।
समाज का स्वस्थ प्राण है।।
कर्तव्य–विश्वास श्रद्धा–भक्ति–समर्पण।
जग "राम विजित बाण" हैं।।

५

वर्ष प्रतिपदा

भारतीय कालगणनानुसार वर्ष प्रतिपदा के दिन नवीन संवत्सर का आरंभ होता है। वर्ष प्रतिपदा का मुहूर्त सभी शुभ कर्मों को प्रारंभ करने के लिए उचित माना गया है। भारत वर्ष में अत्यंत प्राचीन काल से चली आ रही कालगणना वर्ष प्रतिपदा से ही प्रारंभ होती है। युधिष्ठिर संवत्,

विक्रम संवत्, शालिवाहन शक संवत् आदि का वर्ष प्रतिपदा से ही आरंभ होता है।

प्रचलित संवतों में सर्वाधिक प्राचीन युगाब्द है। इसे युधिष्ठिर संवत् भी कहते हैं। कलियुग के आरंभ होने के साथ युगाब्द जुड़ा है। प्रतिपदा के साथ कलियुग के पाँच हजार से अधिक वर्ष हो गये हैं। कालक्रम से वर्ष प्रतिपदा के साथ अनेकों ऐतिहासिक संदर्भ जुड़े हैं। प्रभु श्री राम का राज्याभिषेक उत्सव वर्ष प्रतिपदा के दिन ही हुआ। भारत का राष्ट्रीय संवत् शालि वाहन शक संवत् भी आज से ही प्रारंभ होता है। राष्ट्रीय स्वयंसेवक संघ के संस्थापक डा॰ हेडगेवार जी का जन्म भी आज के दिन अर्थात् वर्ष प्रतिपदा के दिन ही हुआ था। जन्मतः ही जिनके जीवन में विजय व राष्ट्र से एकरूपता व्यक्त हुई, उन आद्यसरसंघचालक के चरित्र का चिंतन व मनन करने का योग इस उत्सव द्वारा प्राप्त होता है।

गत हजार वर्षों का इतिहास शारीरिक, बौद्धिक एवं मानसिक दासता का ही इतिहास रहा है। समाज में एकात्मता का संबंध उसके कारण उत्पन्न हुआ, स्नेहपूर्ण व्यवहार और उनसे उत्पन्न हुई कर्मशक्ति को बटोरने वाला अनुशासन, ये गुण न रहने के कारण ही यह आपत्ति हम पर आयी है। अपने समाज में इन गुणों का निर्माण करके उसे आसेतु हिमालय एक सूत्र में गूंथकर संगठित स्वरूप में खड़ा करना यही अपना कार्य है।

एकात्म, स्नेहपूर्ण व्यवहार और अनुशासन, ये तीनों गुण दैनंदिन संस्कारों से ही उत्पन्न होते हैं। इसीलिए अपने कार्य की रचना दैनंदिन चलने वाली शाखाओं के रूप में हुई। अतः शाखा द्वारा नियमित संस्कार ग्रहण करने की आवश्यकता है। हम तनिक विचार करें। पूर्वकाल में हमारे पास क्या नहीं था। पौरुष था, राज्य था, स्वातंत्र्य था। ऐहिक, पारलौकिक जीवन में जो–जो आवश्यक है सब कुछ था,

फिर दासता क्यों आयी। केवल एक ही कारण था कि एकात्म्य, परिपूर्ण स्नेह एवं अनुशासन युक्त संगठित समाज नहीं था। आज भी संगठन का यह अभाव स्पष्ट रूप से दिखाई दे रहा है। शाखा के दैनंदिन संस्कारों के बिना यह निर्माण होगा नहीं।

इस प्रकार हिन्दू राष्ट्र जीवन में वर्ष प्रतिपदा का अत्यधिक महत्त्व है। इस उत्सव का राष्ट्रीय विजय की स्फूर्तिप्रद स्मृति से भी संबंध है। प्रभु श्री राम का राज्याभिषेक उत्सव, वर्ष प्रतिपदा के ही दिन हुआ। अत्यंत निग्रहपूर्वक अपने जीवन कार्य को करने वाले उस मर्यादा पुरुषोत्तम के जन्म उत्सव का और नवरात्रि का प्रारंभ इसी दिन से होता है। प्रभु श्री राम का तत्त्वनिष्ठ समाज तथा राष्ट्र के लिए व्यक्तिगत सुखों को त्याग करने वाला जीवन तथा भारत के राष्ट्रीय जीवन का आदर्श समझने के लिए यह त्यौहार मनाया जाता है। साथ ही भारत पर जब परचक्र छाया हुआ था उस समय समाज में चेतना व संगठन निर्माण कर परकीयों को निकाल देने का ऐतिहासिक कार्य इसी दिन हुआ। विक्रमादित्य द्वारा शकों पर विजय प्राप्त तथा शालिवाहन द्वारा उन्हें भारत से निकाल बाहर करने पर इसी दिन आनंदोत्सव मनाया गया था। इस विजय के कारण घर–घर में इस दिन ध्वज पताकायें लगायी जाती हैं।

आज की अवस्था में जब मनुष्य में राष्ट्रीय भावना का अभाव है। शंकराचार्य के समान दिग्विजय करने की आवश्यकता है या विक्रमादित्य जैसी क्रांति की। इस युग का महामंत्र है संगठन। संगठन से ही आज की सब आपदाओं का निराकरण होगा। विक्रमादित्य का गौरवकाल केवल एक सौ पैंतीस वर्षों तक रहा इसलिए उसका अनुसरण करना ठीक होगा क्या? रहा तात्विक दिग्विजय का दूसरा भाग, क्या वह आज के युग में संभव है। आज तो रोज यह अनुभव में आता है, कमरे में यह मान लेने के बाद भी कि मैं हिन्दू हूँ, यह हिन्दू राष्ट्र है, लोग यही कहते हैं मैं इसे बाहर नहीं कहूँगा। अतः इस युग में इन दोनों

मार्गों के अलावा एक ही मार्ग शेष रहता है और वह है संगठन। उसे करना चाहिए और भूतकाल के इतिहास का भी यही निचोड़ है। ठोकरें खाकर ज्ञान प्राप्त करना चाहिए। मातृ भूमि के प्रति असीम श्रद्धा अपने राष्ट्र का सम्यक् ज्ञान एक रस जीवन, नितांत स्नेह तथा अनुशासन से युक्त संगठित जीवन निर्माण करने के अतिरिक्त और कोई मार्ग ही नहीं है।

प्रत्येक मनुष्य सोचता है कि वह अपने जीवन का प्रत्येक पल उत्तम रीति से सत्कार्य में लगाये पर यह सब कृति में होता हुआ बहुत कम दिखाई देता है। मनुष्य जीवन बहुत छोटा है। अतएव जीवन का एक क्षण भी व्यर्थ गंवाना अनुचित है।

अपने दोषों को दूर करना, अपना चारित्र्य श्रेष्ठ करना, पहले आवश्यक है। दूसरों के पास जाकर उन्हें अपने कर्त्तव्य का ज्ञान कराते समय स्वयं में आगे बढ़ने की कर्त्तव्य कठोरता रहना आवश्यक है। यदि दौर्बल्य उत्पन्न होता है तो देखना चाहिए कि मेरे काम में कहीं कमी तो नहीं है। यदि कमी दिखाई देती हो तो उसे ध्यानपूर्वक दूर करना चाहिए। यह प्रयास हममें से प्रत्येक को करना चाहिए। विशुद्ध राष्ट्र जीवन से परिपूर्ण व्यवहार की कसौटी पर, अपना व्यवहार ठीक है या नहीं, इसका विचार करने की आज नितांत आवश्यकता है।

समाज के सभी दुगुर्ण देखते हुए समाज की सेवा करने की उस महापुरुष जैसी प्रखरता हमारे अंदर आयी है क्या? उसके श्रेष्ठ गुणों का शतांश भी हममें आया है क्या? आज अपनी शक्ति राष्ट्र पुनर्निर्माण में लगाना आवश्यक है। पाँच वर्ष पूर्व मैं संघ में जाता था, यह कहने का दुर्भाग्यपूर्ण प्रसंग हममें से किसी के जीवन में न आये और उस महापुरुष के पद चिन्हों पर चलकर सम्पूर्ण जीवन संघ के लिए लगाना है यह ध्यान में रखकर निरंतर आगे बढ़ने का संकल्प लेकर हम चलते ही जायें।

अपने समाज पर केवल टिप्पणी करते रहना भी ठीक नहीं। यह हमारा भारत है। हम इसी में रहेंगे, यह बुरा हो तो भी इसी में रहेंगे। इसी भारत में इस दलित–गलित समाज के तारणहार के रूप में एक महापुरुष पैदा हुआ। समाज के कल्याण के लिए अपने अंदर सारे श्रेष्ठ गुण उत्पन्न कर उसने तुम्हारे–हमारे जैसे निकम्मों को आश्रय दिया। उसके हम अनुयायी कहलाते हैं। अतः जो गुण उस महापुरुष में थे उन्हें अपने अंदर लायें। अपना आत्म निरीक्षण करें, अपने हाथ से राष्ट्र निर्माण के कार्य में किंचित मात्र भी विलम्ब नहीं होने दूंगा, यह सोचकर अपने अंदर परिवर्तन करें ऐसे प्रखर ध्येयवादी जीवन का ज्वलंत उदाहरण अपने सामने रह चुका है। उसने सब प्रकार के लोग जोड़ रखे थे। जिसमें उदार, कंजूस, आशावादी, निराशावादी, सभी प्रकार के लोग थे। राष्ट्र रूपी जीते–जागते परमेश्वर का ही उसने पूजन किया इसलिए यह संगठन दिखाई देता है।

हम केवल स्नेह के अधिष्ठान पर दोषों को दूर कर सकते हैं। सब प्रकार के गुणों–अवगुणों से पूर्ण समाज के लोगों को लेकर ही हमें अपना संगठन खड़ा करना है। दासता अनेक दुर्गुणों की जननी होती है। पन्द्रह सौ वर्षों की दासता से अभी–अभी हमारे समाज ने मुक्ति पायी है। ऐसे समाज में हमें संगठन निर्माण करना है। यदि मनुष्य को जोड़ना है तो यह कार्य उनके दोषों की चर्चा करने से नहीं होगा। भगवान् को छोड़कर दोष सब में होते है इसलिए सबके दोषों को सहते हुए आदमियों को जोड़ने की अंतःकरण की विशालता अपने अंदर है क्या? इसके निर्माण करने की आवश्यकता है। जीवन में अनेक प्रकार की गंदगी होती है। उसको सहन करना चाहिए। यदि कोई कहे कि इन गंदे लोगों में क्या कार्य करना? तो समझना चाहिए कि वह संघ को नहीं समझा। कहना पड़ेगा कि उसका जीवन व्यर्थ गया। उसने इस तपोभूमि में रहकर जीवन गंवाया ही, कुछ पाया नहीं, चारों ओर

चाहे जितनी बुराइयाँ दिखें, तो भी कार्य में मस्त रहने की योग्यता अपने अंदर आनी चाहिए।

राष्ट्रीय स्वयंसेवक संघ की दृष्टि से यह दिवस विशेष महत्त्व का है। क्योंकि आद्यसरसंघचालक डा॰ हेडगेवार का यह जन्म दिवस है। राष्ट्रीय विजय के इस पर्व पर जन्म लेकर अपना जन्मदिन अलग मनाने की उन्होंने आवश्यकता ही नहीं रहने दी। जन्मतः ही उनके जीवन में विजय व राष्ट्र जीवन से एकरूपता व्यक्त हुई। उन आद्यसरसंघचालक के चरित्र का चिंतन व मनन करने का योग इस उत्सव द्वारा प्राप्त होता है। यह उत्सव बताता है कि एक संवत्सर समाप्त होकर अब दूसरा प्रारंभ हो रहा है। इसीलिए विगत वर्ष के कार्य पर दृष्टि डाली जाती है तथा नये वर्ष के लिए योजनापूर्वक कार्य विस्तार के नये संकल्प किए जाते हैं।

संघ चारों ओर से बंद कोठरी अथवा कोई संप्रदाय नहीं है। यह समाज का एक संगठित स्वरूप है। इस संगठित स्वरूप के विस्तार के साथ–साथ एक दिन सम्पूर्ण समाज ही सबल राष्ट्र के रूप में खड़ा होगा। संप्रदाय न होने के कारण ही संघ में स्वयंसेवकों को कोई बाह्य चिन्ह नहीं दिया गया है क्योंकि बाह्य चिन्ह से सांप्रदायिक भावना निर्माण होती है। संघ के कार्यक्रमों के द्वारा जीवन में परिवर्तन अवश्य होता है। अपने दैनिक संस्कारों के कारण पौरुष से भरा हुआ आत्मविश्वास पूर्ण राष्ट्रभक्ति का तेज उसके चेहरे पर रहना स्वाभाविक है। संघ का यह कार्य ईश्वरीय कार्य है। यह हम अपने समाधान के लिए अपनी उन्नति के लिए करते हैं। अर्थात् यह एक शास्त्र शुद्ध कार्य है। इसे करने की एक विशिष्ट पद्धति है और उसके अनुसार कार्य करने से एक असीम आनंद की भावना हृदय में उत्पन्न होनी चाहिए।

वास्तव में संघ में आने वाले प्रत्येक स्वयंसेवक को यह सोचना है। अपना कार्य हम एकमेव इस आकांक्षा से प्रसारित करते हैं कि परस्पर

स्नेह का एकसूत्र उत्पन्न करके, सम्पूर्ण समाज में व्याप्त एक संगठित जीवन का निर्माण हम करेंगे। संघ के कारण यही भाव हमारे अंतःकरण में उत्पन्न होना चाहिए कि मैं इस विशाल राष्ट्र का अंग हूँ, सर्वसाधारण मनुष्य से मैं कहीं अधिक हूँ। मैं अपने समाज के लिए हूँ, राष्ट्र के लिए हूँ, उसके सुख–दुख में साथ दूँगा। प्रसंग आया तो स्वयं भूखा रहकर भी दूसरों को खिलाऊंगा। मेरे ऊपर इस राष्ट्र का दायित्व है। इस प्रकार का शुद्ध चारित्र्य अधिकाधिक मात्रा में अपने अंदर आता है या नहीं, इसका विचार करते हुए संघ के संस्कार अपने ऊपर नित्य प्रति कराते जाना आज आवश्यक है। अपनी सम्पूर्ण शक्ति बुद्धि एवं कर्त्तव्य की बाजी लगाकर, मैं इस राष्ट्र की प्राणपण से सेवा करुंगा। ऐसी भावना पुनः अपने अंदर उत्पन्न होनी चाहिए।

हमारे अंतःकरण के ऊंचे विचार केवल हमारे अंतर्गत ही न रहें उनका विकास अन्य लोगों में भी होना चाहिए। यह निश्चय संघ ने अपने जीवन के प्रारंभ काल में ही कर लिया है। उस दिन हिन्दू समाज की जो अवस्था थी उसमें आज कोई अंतर दिखाई नहीं देता। इसीलिए हमारे कार्य और विचारों में भी हेराफेरी की कोई आवश्यकता नहीं है। हमने एक बार, एक साथ निश्चय कर लिया है कि संघ कार्य आजीवन करेंगे और प्रण है कि संघ कार्य वह आजीवन तन–मन–धन से करेगा। यथार्थ में वह मनुष्य नहीं कहलाएगा जो समाज के बंधन से, समाज के प्रति उसके कर्त्तव्य से मुक्ति चाहता है। जब तक मनुष्य जीवित है समाज से वह कदापि अलग नहीं हो सकता।

संघ कार्य में केवल एक मूलगामी सिद्धांत सामने रखा गया है कि हम अपने समाज की उन्नति स्वतः करेंगे। उसकी कमजोरियों को हम दूर करेंगे। स्वाभिमानी पुरुष सूखी रोटी खाकर अपना जीवन व्यतीत करना, याचना कर वैभव लूटने से कहीं अधिक अच्छा समझता है। इतिहास ने सिद्ध कर दिया है कि समाज की उन्नति के लिए संगठन ही एक मात्र मार्ग है।

यह कार्य करते समय हमारे मित्र बनते हैं। हम एक ही मार्ग पर अग्रसर हो रहे हैं इस भावना से मित्रता खूब बढ़ सकती है। परन्तु उन मित्रों के साथ हमारा व्यवहार कैसा होना चाहिए ? उनके गुणों को लेकर ही हम चलें और उनके दोषों को अपने स्नेहपूर्ण व्यवहार से धीरे–धीरे दूर करें, सर्वगुणों से पूर्ण तो कोई व्यक्ति नहीं। प्रत्येक मनुष्य में दोष होते ही हैं। बाह्य जीवन शुद्ध होते हुए भी मन में अशुद्ध विचार आ सकते हैं। परन्तु यदि मित्रता का भाव है, तो अपने स्नेह में कमी न करते हुए, अपने प्रेम पूर्ण व्यवहार से उसके दोष धीरे–धीरे नष्ट करने में समर्थ हो सकते हैं। सब दुनिया को खराब मानने वाला अपने को अच्छा मानता है। यह एक प्रकार का अभिमान है और अभिमान पतन की पहली सीढ़ी है। यह अभिमान अपने कार्य की दृष्टि से हानिकारक है। आत्मीयता के आधार पर किसी स्वयंसेवक को एक बार मित्र के रूप में अपनाया तो उसमें दोष होते हुए भी हम उसकी मित्रता को निभायेंगे। स्नेहपूर्ण व्यवहार के प्रभाव से उसके दोष दूर करने में भी समर्थ होंगे।

आत्मीयता और प्रेम केवल हमारे शब्दों में ही है अथवा व्यवहार में भी है। डॉ. हेडगेवार ने हमारे सामने आत्मीयता और स्नेहपूर्ण व्यवहार का एक जीता जागता नमूना रखा है। वह हमारे अंदर है क्या? हम एक दूसरे के निकट आते हैं तो क्या केवल स्वार्थमय विचार से ही? क्या एकात्मभाव केवल अपने लिए हैं। अतः अपना एकात्म भाव इतना विस्तृत करें कि वह अखिल भारतीय बन जाये।

नूतन वर्ष में प्रवेश करते समय मनुष्य आगामी वर्ष की सुखद कल्पना से आनंदित होता है। मन में नयी–नयी उमंगें उठती हैं। एक वर्ष उसकी आयु और बढ़ गयी। इसका उसे खोटा अभिमान भी होता है। उसे स्मरण नहीं होता कि उसकी मृत्यु एक वर्ष और समीप आ गयी। यथार्थ में इस दृष्टि को सामने रखते हुए उसे बचा हुआ कार्य और भी अधिक शक्ति, गति तथा बुद्धि लगाकर करना चाहिए। जिससे

वह अपनी पिछली कमी को पूरा कर आगे बढ़ सके। परन्तु वह अपनी उमंग में यह भी भूल जाता है, कि बीते हुए समय में उसने कुछ भी नही किया। उसे अपने ऊँचे विचारों और कार्य की विषमता का ज्ञान तक नहीं होता। यह बात केवल साधारण लोगों में ही मिलती है। ऊँचा से ऊँचा निश्चय करने के पश्चात् मनुष्य का कार्य साधारण ही रह जाता है। उसका जीवन यों ही बीत जाता है। परन्तु राष्ट्रीय स्वंयसेवक संघ का प्रत्येक घटक ध्यान में रखे कि उसने एक बार दृढ़ विचार कर लिया है और वह उसे पूरा अवश्य करेगा।

आज के दिन का दूसरी दृष्टि से भी महत्त्व है। संघ की अपनी स्वतः की कल्पना को मूर्तरूप देने का निश्चय करने वाले महापुरुष ने (डा॰ हेडगेवार) जन्म लिया था और हमारे संघ प्रवर्तक उस महापुरुष ने संघ कार्य को छोटे स्वरूप से बड़ा करने में कितना कष्ट झेला। किस प्रकार अपना खून–पसीना एक किया। आज हम केवल यह विचार दृढ़ करना चाहते हैं कि उस महापुरुष ने जिस महान् कार्य को बीजरूप से विशालवट वृक्ष बनाया। जिसके लिए उन्होंने भगीरथ प्रयत्न किया और अंत में अपने आपको उसी में मिलाया उस महान् यज्ञ में हम भी अपना पूर्ण योगदान दें। अतः लाभ तो संघ को, संघ कार्य से एकरूप होने में है, संघ कार्य को जीवन कार्य बनाने में है।

आज इस मंगल प्रसंग पर, हम अपने निश्चय को दोहराते हैं, और आगे बढ़ने का संकल्प करते हैं कि एक बार कार्य की मर्यादा के सम्बन्ध में, हम लोगों के सामने, एक लक्ष्य डाक्टर हेडगेवार जी द्वारा शहरों में तीन प्रतिशत और ग्रामों में एक प्रतिशत स्वयंसेवक बनाने का रखा गया था। उस मर्यादा तक पहुँचने के लिए हमें कार्य करना है। हमने अपने महान् ध्येय की पूर्ति के लिए अपना सर्वस्व न्यौछावर करने का व्रत लिया है।

आज जब हम अपने पूजनीय डाक्टर हेडगेवार जी की जयंती मनाते हैं तब हमारा यह निश्चय होना चाहिए कि उन्होंने जैसा जीवन

बिताया, वैसा हम भी बितायेंगे। स्वयंसेवक के रूप में हमने डाक्टर हेडगेवार को ही आदर्श माना है। इसलिए हमें उनके जीवन से प्रेरणा लेनी है। पूजनीय डाक्टर हेडगेवार जी ने स्वयंसवेकों के सामने आदर्श जीवन का दृष्टांत रखा। जैसा पूज्य डाक्टर हेडगेवार जी बोलते थे वह उसके अनुसार ही व्यवहार कर उस कार्य को पूर्ण करते थे। हम अपने शरीर और धन की ओर दुर्लक्ष्य होने पर भी आज के दिन यह निश्चय करें कि पूजनीय डाक्टर हेडगेवार जी के जीवन के अनुसार ही अपना भी जीवन बितायेंगे। आज उस महापुरुष का ध्यान करें, उनके विषय में सोचें, उनके जीवन का उदाहरण रखें और अपना जीवन उसी के अनुसार ढालें, यही विनती है।

''अतीत के आंगन भावी वितान।
पुनर्स्मृति ही महोत्सव दीपमय।।
पतझड़ के घर बसंती विहान।
''जग''राम के प्रति'' अंतः कृतज्ञमय।।''

६

हिन्दू साम्राज्योत्सव

यह सत्य है कि इसके पूर्व काल में हिन्दुओं का विशाल साम्राज्य निर्माण हुआ था। सम्राट् चन्द्रगुप्त व सम्राट् अशोक के साम्राज्यांतर्गत आज का बलूचिस्तान, अफगानिस्तान तथा उससे लगा हुआ भू–भाग आता था। इसके बाद भी शक, यवन, बलूची, हूण आदि आक्रमणकारियों को परास्त कर विजय सम्पादन करने वाले सम्राट पुष्यमित्र, गौतमी पुत्र शातकर्णी, समुद्रगुप्त तथा हर्ष आदि महान् वीरों ने विशाल साम्राज्यवरण

किये, थे और विश्व प्रसिद्ध वैभव का स्वर्ण युग भारत में निर्माण हुआ था। भारत विश्व बन्धु था और विश्व गुरु भी। ये सब हिन्दू वीर ही थे। किन्तु इनमें से किसी ने यह घोषणा नहीं की कि अपना साम्राज्य हिन्दूओं का (आर्यों का) है। क्योंकि यह स्वतः सिद्ध था। इस कारण इस प्रकार की घोषणा करने की आवश्यकता ही उत्पन्न नहीं हुई।

इसका एक और भी महत्त्वपूर्ण कारण यह था कि इन काल खण्डों में जो आक्रमणकारी भारत में आये, वे मात्र लुटेरे थे। ग्रीक, शक, यवन, हूण आदि सभी बाहर से आये। इन आक्रमणों का स्वरूप भी भयंकर था। वे काशी, सौराष्ट्र, महाराष्ट्र तक घुसते चले गए। वे यहाँ राज्य स्थापित कर बस गये। इन आक्रमणों का उद्देश्य भारत में विदेशी जीवन प्रणाली स्थापित करना नहीं था और न ही उनके पास इस प्रकार का कोई धर्म ही था। वे लुटेरे थे, लूटपाट, विध्वंस, हत्या और अग्नि काण्ड में लगे रहे। कालांतर में इन आक्रमणों का प्रतिकार होने पर श्रेष्ठ भारतीय जीवन रचना से वे प्रभावित भी हुए और हिन्दू समाज ने अपनी उदारता से उन्हें आत्मसात् भी कर लिया। इस प्रकार वे समाज में एकरूप हो गये। उनका परायापन ही धुल गया। इस कारण भी हिन्दू सम्राटों को अपने राज्य को हिन्दू राज्य की संज्ञा देने की आवश्यकता ही नहीं हुई।

गजनी के महमूद ने विशेष उद्देश्य से भीषण हत्याकाण्ड चलाया। नगरकोट, थानेश्वर, मथुरा, कन्नौज, सोमनाथ आदि हिन्दुओं के प्रसिद्ध मानबिन्दु देवालयों को लूटा, मूर्तियाँ तोड़ी, अपमान किया। लाखों का कत्ल–ए–आम किया और लाखों को धर्मभ्रष्ट किया। हिन्दू का सर्वनाश, उसके धर्म का समूलोच्छेदन, यही घोषणायें वे करते रहे। हिन्दुओं पर जजिया कर लगाया गया। मंदिरों, विद्यालयों, धर्मग्रंथों व हिन्दूसमाज की महिलाओं को अपमानित, प्रताड़ित किया गया। मुसलमानी कायदा उन पर लादा गया। मूर्ति पूजा अपराध घोषित कर कइयों को दण्ड स्वरूप जीवित जला दिया गया, इस्लामियत के

दुराभिमान की संतुष्टि के लिए अनेकों की हत्या की गयी। सब प्रकार से हिन्दुओं को हिन्दू के नाते जीवित रहना ही असंभव कर देने का यत्न किया गया। यही भीषणक्रम आज भी चल रहा है।

यदि अपने देश के पिछले हजार–बारह सौ वर्ष के इतिहास का हम लोग सिंहावलोकन करें तो हमें दिखाई देगा कि अनेक वीर पुरुष इस भूमि में उत्पन्न हुए, राजनीति के धुरंधर भी उत्पन्न हुए। फिर भी कुछ मुट्ठी भर परकीय आक्रमणकारी यहाँ पर आये और उन्होंने भिन्न–भिन्न स्थानों पर आक्रमण कर विजय प्राप्त कर यहाँ पर राज्य स्थापित किए। यह मानों उन्हीं की भूमि है। इस पर उन्हीं का स्वामित्व है। इस अभिमान को लेकर उन्होंने यहाँ का राष्ट्र जीवन पैरों के नीचे कुचलने की कुचेष्टा की। किन्तु जब हम यह विचार करते हैं कि हमारा समाज इन दर्द भरे परकीय आक्रमणों द्वारा निर्मित राजसत्ता के विषय में कौन सी धारणा लेकर चलता था, तो मन आश्चर्य से स्तम्भित सा हो जाता है। क्योंकि हमारे देश और धर्म पर आक्रमण करने वाले व हमारे भारतीय जीवन के पूर्णतः विरोध में जीवन बिताने वाले उन परकीय आततायियों के प्रति हमारे समाज के कतिपय प्रमुख लोगों ने प्रेम व आदर की धारणा बनायी। बड़े–बड़े लोग परकीय सत्ता की सेवा करने में अपने आपको धन्य मानने लगे। इस प्रकार दासता में ही मस्त रहने के लिए उत्सुक, स्वाभिमान शून्य मनोवृत्ति इस समाज में निर्माण हुई थी। उस अवस्था से छुटकारा पाना असम्भव सा प्रतीत होता था।

अकबर के विरुद्ध राणा प्रताप ने जीवन भर युद्ध किया। अंततोगत्वा अपूर्ण अभिलाषा लेकर ही उन्होंने जीवन समाप्त किया। उससे लोगों के मन में आया कि राणा प्रताप तो निरा पागल था। इधर–उधर के जंगलों में रहने वाले वनवासी भीलों के सहारे भला सुसज्ज–सुसम्पन्न तथा सुव्यवस्थित राज्य सत्ता का आधार प्राप्त मुगल सेना से किस प्रकार टक्कर ली जा सकती थी। यहाँ तक भी समझने वाले लोग थे

कि दास मानसिंह बड़ा आदर्श पुरुष था क्योंकि उसने बड़ी चतुराई से मुगलों का विश्वास प्राप्त किया और राणा प्रताप एक विकृत मस्तिष्क का व्यक्ति था। यह आश्चर्य की बात है कि ऐसे विचार आज भी हैं।

भारत का दुर्भाग्य ऐसा कि लगभग साढ़े छः सौ वर्षों तक इसके विरोध का महाघोष भारत में किसी ने नहीं किया। फलतः हिन्दू समाज आक्रमणकारियों के स्वरूप को भली भाँति पहचान न सका। यही भ्रम बना रहा कि ये भी पहले जैसे आक्रमणकारियों की भांति लूटपाट कर चले जायेंगे। इस भ्रम के निराकरण के लिए तेजस्वी स्फुरण किसी के अंतःकरण में नहीं हुआ। यद्यपि पग–पग पर प्रतिकार के प्रयत्न चलते रहे। किन्तु परकीयों के खेमे में पहुँच कर स्वकीयों के इन प्रयत्नों को विफल करने में कितने ही अपने जीवन की धन्यता मानते रहे।

इस प्रकार की अवांछनीय स्थिति में समाज के अंदर न ही कोई चेतना दीख पड़ती थी और न कहीं अपने स्वतंत्र अस्तित्व को पुनःस्थापित करने की कामना। परकीय आक्रमणों को दूर करते हुए अपने धर्म, अपनी संस्कृति तथा अपनी सम्पूर्ण जीवन प्रणाली का पुनरुत्थान करने का विचार तक किसी के मन में नहीं उठता था। ऐसी निराशा की स्थिति में जब लोग मानने लगते थे कि हमें तो अब इसी दास्य जीवन को स्वीकार करना होगा तब ऐसा आभास उत्पन्न होने लगा कि मानों सम्पूर्ण समाज का राष्ट्र जीवन नष्ट हो गया। समाज के जब धुरीन पुरुषों में ऐसी स्वाभिमानशून्य भावना घर कर जाती है तब विनाश के सिवाय कोई और परिणाम नहीं निकल सकता है। एक ओर यह निराशा की स्थिति और दूसरी ओर विदेशी आक्रमणों के अत्याचार की चरम सीमा।

दुर्भाग्य से मुस्लिम दस्युओं के झुण्ड जब इस देश में घुसे, तब उन्होंने देश को छिन्न–भिन्न और प्रतिरोध करने में असमर्थ पाया। परिणामतः उनके अत्याचारों को नया साहस मिलता गया। उदासीनता

के कारण समय पर प्रतिकार करने की तत्परता से हीन हिन्दू शक्तियाँ नष्ट हुईं। विनाश चारों ओर छा गया। बलात् धर्म परिवर्तन के साथ–साथ हिन्दू धर्म व संस्कृति के समस्त मान बिन्दुओं को नष्ट करने में आततायियों ने होड़ लगा दी। चारों ओर निराशा, उत्पीड़न स्वाभिमान शून्यता फैल गयी। हिन्दुओं में सार्वभौम प्रभुता सम्पन्न, सुदृढ़ साम्राज्य की विजय भावना के स्थान पर आत्मविश्वासशून्यता और पराजय का वायुमण्डल निर्माण हुआ। बड़े–बड़े हिन्दू शूरवीर राजा मुगलों के अधीन होकर उनकी राज्य लक्ष्मी की सेवा करने में ही अपने भाग्य को सराहने लगे। *"दिल्लीश्वरोवा जगदीश्वरोवा"* की बातें पाण्डित्य का लक्षण बन गईं।

इसके साथ यह भी दिखाई देने लगा कि उस समय साधारण समाज भी बेचारा अर्थात् लाचार बन गया था। आवश्यकता पड़ने पर उसकी सहायता करने वाला कोई नहीं दिखाई देता था। ऐसे लाचार बने हुए समाज पर जब कोई आपत्ति आती थी, उसका अपमान होता था, उसकी बहू–बेटियाँ उठायी जाती थीं तो वह चुपचाप सह लेता था। उसके हृदय को मानो चोट ही नहीं लगती थी। सामान्य समाज इतना मुर्दा दिल बन चुका था। किन्तु हमारे समाज की एक विशेषता यह है कि वह मरता नहीं, अतः इतिहास के आधार पर यह कह सकते हैं कि ऐसा कोई रहस्य है, जिसके कारण यह मरता नहीं और यह रहस्य है समाज की जिजीविषा। इसी के कारण समाज न तो मरता है; बल्कि देश, काल, परिस्थिति के अनुरूप स्वयं को ढाल लेता है।

उसी गुण के कारण हमें दिखाई देता है कि उपयुक्त लाचार अवस्था में भी यत्र–तत्र अनेक प्रकार की लोक जागृति शुरु हुई। अपने समाज का अधिष्ठान धर्म होने के कारण धर्म पुरुष, धर्म प्रचारक अथवा धर्म की अनुभूति कराने वाले अनेक संत महात्मा उत्पन्न हुए और स्वयं के जीवन के प्रति श्रद्धा, प्रेम तथा धर्म, संस्कृति व देश के प्रति

स्वाभिमान का भाव उत्पन्न किया। फलतः चारों ओर श्रद्धा और प्रेम की लहर दौड़ने लगी।

उन दिनों भी देश में परकीय शासन तथा आत्मविस्मृत समाज था। आज भी हमारी भूमि के कुछ भाग में तो परकीय सत्ता है ही और पूरा समाज आत्मविस्मृत है। कितने लोगों को याद है कि अपनी इस भूमि के कितने ही हिस्से अपने हाथ में नहीं हैं। कितने लोगों को स्मरण है कि अपनी भूमि के कितने हिस्से परकीयों को सौंपे गये और कितने सौंपे जा रहे हैं। धर्म का अभिमान नहीं, चारित्र्य शून्य हो गये। देश का प्रेम नहीं, अपने पूर्वजों का, परंपरा का, अपनी प्राचीनकाल से चली आयी राष्ट्र जीवन की श्रेष्ठता का परिचय नहीं, यह है आज की स्थिति। यही स्थिति उन दिनों भी थी, ऐसी स्थिति में जो एक पुरुष खड़ा होकर घोषणा करता है कि मैं इस परिस्थिति को बदल दूंगा। इतना ही नहीं वह सफलतापूर्वक पूरा करता है तो उससे लोगों के मन में यह विश्वास उत्पन्न होता है कि दृश्य को बदल देने का इसका कथन अवश्य पूरा होगा। ऐसे महापुरुष को ही आदर्श के रूप में सामने रखना पड़ता है। आज का ही वह दिन है जब शिवाजी महाराज ने तत्कालीन दृश्य को बदल देने के अपने निश्चय को हिन्दू साम्राज्य के सिहांसन के रूप में मूर्त्त स्वरूप दिया था।

अपने अंदर की सुप्त दैवी शक्तियाँ मानो मूर्त्तरूप लेकर एक बालक के रूप में पैदा हुईं थी। यह बालक बीजापुर के मदांध शासकों के दरबार में उच्चकोटि के सरदार के यहाँ उत्पन्न हुआ। वह इतना धुरंधर सरदार था कि अपनी शक्ति के आधार पर टूटी–फूटी सल्तनतों को मुगलों के विरुद्ध टक्कर लेकर भी सुरक्षित रखता था। परन्तु यह सब होते हुए भी वह बीजापुर सल्तनत का सरदार बन गया। यह कोई अच्छा भाव तो था नहीं।

किन्तु यह सत्य हमारे सामने है, कि उनका पुत्र बड़ा होनहार, तेजस्वी और बाल्यकाल से ही राष्ट्र के बारे में बड़ा विचारशील था।

बाल्यकाल से ही अपनी भूमि, राष्ट्र, धर्म–संस्कृति का ज्ञान हृदय में रखने वाले बहुत ही अल्प मात्रा में पैदा होते हैं। बाकी तो परिस्थिति के कारण बड़े होते हैं। बाल्यकाल से ही उसके हृदय पर प्रभु श्री राम तथा भगवान् श्री कृष्ण के बड़े–बड़े पराक्रम तथा भूतकाल के भव्यचित्र अंकित हो गये। परन्तु बाहर उसने देखा कि सारे राज्य में जहाँ भगवान् श्री कृष्ण की पूजा होती है वहां गौवध चलता है। यह देखकर अनेक प्रश्न उसके मन में उठने लगे। क्या सचमुच यह अपनी भूमि है। यह अपना राजा है। यहाँ पर भगवान् श्रीकृष्ण का कुछ असर है ही नहीं, इस सबके कारण उसके हृदय को यह दृढ़ विश्वास हो गया कि यह राजा अपना नहीं है। यहाँ चलने वाली बातें अपनी नहीं हैं। परिणामस्वरूप उस राज्य के लिए प्रेम के बदले उसका विनाश ही उसके जीवन का लक्ष्य बन गया।

उस महापुरुष ने यह सिद्ध किया कि हिन्दू जाति में ऐसा कोई विजयशाली तत्त्व है। जैसे राणा प्रताप का सारा जीवन त्याग में, संघर्ष में कटा। परन्तु उनके बाद उनके पराक्रम पौरुष को आगे बढ़ाने का कार्य किसी ने नहीं किया। सिखों का जैसे–तैसे उदय हो रहा था। उत्तर में, पूर्व से पश्चिम तक तथा दक्षिण से भी थोड़े बहुत कोलाहल को छोड़कर सर्वत्र श्मसानवत् शांति छा गयी थी। ऐसी अंधकारमय स्थिति में वह दीप स्तम्भ खड़ा हो गया।

यह इतिहास में सर्वविदित है कि बचपन से ही वे कार्यक्षम थे। सब प्रकार की परिस्थितियों पर विजय प्राप्त करने की पात्रता लेकर उन्होंने स्वयं को अजेय समझने वाली घमण्डी परकीय सत्ता को चुनौती देकर सफलता प्राप्त की। उनके जीवन में घटित कितने ही लोमहर्षक प्रसंग हमें मालूम हैं। किन्तु इन सब बातों में एक सूत्र है, वह है, अपने सम्मुख रखे हुए ध्येय की प्राप्ति में बाधक बनने वाले को मार्ग से दूर करना और जो साधक हो उसे अपनाना। इसी को नीति और सत्य आचरण, श्रेष्ठता और बुद्धिमता मानकर वे चले।

परन्तु ऐसी ही घोर निराशाजनक परिस्थिति में सभी संकटों पर विजय पाने तथा अपने मृतप्रायः बने समाज को परम चैतन्यमय बनाने एवं उसे पुनरपि स्वत्वसम्पन्न, शक्तिशाली और स्वतंत्र करने का प्रबल प्रयास शिवाजी के नेतृत्व में प्रकट हुआ था। अतः वह प्रयास किस प्रकार सफल हो सका। जब वह ग्यारह वर्ष के ही थे तो उसने देश की परिस्थिति को देख अपने कुछ समवयस्क साथियों को लेकर रोहिणेश्वर पर प्रतिज्ञा की कि मैं अपने धर्म का राज्य स्थापित करुँगा। उसने केवल प्रतिज्ञा ही नहीं की, वरन् बड़ी कठिन और घोर असंभव मानी जाने वाली उस प्रतिज्ञा की पूर्ति हेतु प्रयत्न भी प्रारंभ कर दिए। इस अटल विश्वास के साथ कि मैं ईश्वरीय और धर्म रक्षा का कार्य कर रहा हूँ। भगवान् की यही इच्छा है कि हिन्दू राज्य की स्थापना हो।

आगे चलकर शिवाजी ने मिर्जा राजा जयसिंह को लिखे गये पत्र में इसी भाव का उल्लेख किया है। "अरे! तुम्हारें अंदर सामर्थ्य है, तुम्हारे ही बाहुबल के सहारे औरंगजेब जिंदा है। अपने बाहुबल को पहचान कर अपने स्वतंत्र अस्तित्व का क्यों नही निर्माण करते, तुम्हारे बाहुबल का आधार निकलते ही, वह तो ताश के पत्ते के किले के समान बिखर जायेगा।"

एक बार बचपन में बीजापुर के परकीय दरबार में शिवाजी ने मस्तक नहीं झुकाया था। उसी दरबार में एक स्वतंत्र राजा की हैसियत से निमंत्रण पाकर गये और अपने को मोहम्मद पैगम्बर का वंशज मानने वाले उस बादशाह को जो किसी से भी मिलने के लिए एक कदम भी आगे नहीं आता था, अपना सिंहासन छोड़कर पूरा दरबार पार करके सड़क के ऊपर आकर उनका स्वागत करना पड़ा। इतनी प्रतिष्ठा उन्होंने हिन्दू समाज को प्राप्त करवा दी। ऐसी प्रतिष्ठा देने वाला, आशा का उदय करने वाला, विजय की उपासना का संदेश देने वाला, जिसने निराशा के अंधकार को चीरकर अपने उस साम्राज्य के द्वारा यह

विश्वास उत्पन्न किया कि हिन्दू जाति अपने राष्ट्र जीवन का पुनर्निर्माण करने के लिए सदा–सर्वदा समर्थ है। चारों ओर अकर्मण्यता की छाया को हटाकर उन्होंने यह सिद्ध कर दिया कि हिन्दू जाति कभी मरेगी नहीं भले ही वह लोगों को मरणासन्न दिखाई दे। किन्तु उसकी मरी हुई अवस्था से भी ऐसी नवज्योति उत्पन्न होती रहेगी जिसके प्रकाश के सम्मुख संसार की आँखें मुंद जायेंगी। सर्वत्र उसकी प्रतिभा का तेज प्रसारित होगा। चारों ओर से उसकी जय–जयकार की ध्वनि गूंज उठेगी।

भारतीय संस्कृति विजय की उपासक है, पराजय की नहीं। हमारे यहाँ के संस्थापक बड़े–बड़े विजेता थे। क्या किसी ने प्रभु श्री राम, प्रभु श्री कृष्ण का पराभव देखा या सुना है। कभी नहीं। जिनकी हम पूजा करते हैं वे कभी पराभूत नहीं हुए। जहाँ–जहाँ वे गये, विजय प्राप्त करके रहे। इस प्रकार विजय के उपासक होने के कारण हम लोग आधुनिक इतिहास में विजय के सर्वश्रेष्ठ मूर्तिमंत प्रतीक, सर्वगुण सम्पन्न आदर्श पुरुष छत्रपति शिवाजी के राज्याभिषेक की पुण्यतिथि पर अपने मन में विचार करें कि यदि उस समय की भीषण परिस्थिति को चीरकर स्वतंत्र हिन्दू राष्ट्र फिर से स्थापित हो सका था तो आज क्या संसार पर दबदबा स्थापित करने वाला प्रबल हिन्दू राष्ट्र स्थापित नहीं कर सकेंगे, ऐसी कितनी भिन्न–भिन्न प्रकार की बातें हमारे सामने हैं। परकीयों की सेवा करने वाले एवं द्रव्य के लिए साथ छोड़कर दूर जाने वाले लोगों को भी उन्होंने अपनाया। किन्तु उनकी तेजस्विता और प्रतिभा का प्रभाव ऐसा पड़ा कि उस वायुमण्डल में तपते–तपते उनमें से प्रत्येक राष्ट्र के स्तम्भ के रूप में खड़ा हो गया। राष्ट्र के पुनर्निर्माण कार्य में ऐसा ही करना पड़ता है। श्रेष्ठ पुरुष यही कहते हैं। इस प्रकार कोई अवगुणी हो, कम गुणी हो, बहुगुणी हो, सब प्रकार के मनुष्यों को एकत्र करते रहना पड़ता है। इन सबका सामूहिकीकरण करके उनके अंदर कार्य के तेज की प्रतिभा से दिन प्रतिदिन वर्धमान गुण समुच्चय

निर्माण करते रहना पड़ता है तब कहीं कार्य सफल होता है। हृदय के अंदर विजय का विश्वास लेकर चलने वाले लोगों को इसी प्रकार धैर्यशीलता से कार्य करने पड़ते हैं।

कार्य करने के लिए आदर्श तो खोजना ही पड़ता है। किसी न किसी पद चिन्ह पर चलना पड़ता है। प्राचीनकाल के आदर्श बहुत पुराने हो जाने के कारण याद नहीं आते। अर्वाचीनकाल में शिवाजी के समान कोई महा़पुरुष दिखाई नहीं देता। इसलिए यही सर्वश्रेष्ठ पुरुष आदर्श के नाते हमारे सामने आता है।

उस समय 'दिल्लीश्वरोवा जगदीश्वरोवा' कहकर गुलाम बने हुए लोगों को परमात्मा के अधिष्ठान के रूप में प्रतीत होने वाला एक सिंहासन केन्द्र के रूप में देना नितांत आवश्यक प्रतीत हुआ। नहीं तो किस केन्द्र पर श्रद्धा केन्द्रित करें। इसलिए उन्होंने सिहांसन को हिन्दू साम्राज्य के श्रद्धा केन्द्र आसेतु हिमालय स्वराज्य के पुनः निर्माण की लहर खड़ी करने वाली स्फूर्ति के उद्‌गम स्थान के रूप में खड़ा कर दिया। इसी दिन लोगों ने उनका राज्याभिषेक किया। स्वयमेव मृगेन्द्रता के अनुसार भारत के उस अभिजात सम्राट् को लोगों ने पहचाना और पहचानकर अभिषेक किया।

प्रदीर्घ आत्म विस्मरण के काल को भेदकर स्पष्ट शब्दों में छत्रपति शिवाजी ने यह घोषणा गुंजायी कि भारत का शुद्ध राष्ट्र जीवन हिन्दू जीवन है और हिन्दवी स्वराज्य की पुनर्स्थापना उनका मूल उद्‌देश्य है।

अत्यंत निराशाजनक परिस्थिति में स्वदेश तथा स्वधर्म की स्वतंत्रता एवं सुरक्षा का कंकण बाँधकर शिवाजी ने देश प्रेम, अतुल प्रतिभा, विजिगीषु राजनीति, असाधारण साहस, तथा दृढ़ निश्चय के बल पर परकीय सत्ता को चुनौती दी और अपने कर्त्तव्य से विजय की अक्षुण्ण परंपरा निर्माण कर हिन्दवी स्वराज्य का स्वप्न साकार किया और अंत में अपना राज्याभिषेक करवाया। उस राज्याभिषेक का ज्येष्ठशुक्ल

त्रयोदशी का यह दिन है। हिन्दू सम्राट् का वैभवशाली सिंहासन पुनः एक बार निर्माण कर, उन्होंने संसार को दिखा दिया कि हिन्दू भी सभी दृष्टि से श्रेष्ठ, स्वतंत्र, स्वयं शासक होने का पात्र है।

मैं हिन्दू धर्म का रक्षक हूँ। ऐसी अपनी बारम्बार घोषणा के साथ ही प्रतिकूल घटनाओं से विचलित न होते हुए, निश्चयपूर्वक अपने ही स्थान पर अटल रहकर, शत्रु को अपनी योजनानुसार चतुराई से अपने दांव के अंदर खींचकर, उन्होंने उसका विनाश कर डाला। चारों ओर के कोलाहल को शांत किया। समाज के दिये हुए विश्वास को पुनः प्राप्त किया और यही योग्य पुरुष है, यह अविचल श्रद्धा सर्वमान्य समाज में फिर से जागृत की।

एक महत्त्वपूर्ण बात है जिसकी वजह से हम शिवाजी को विशेष याद करते हैं। जबकि कुछ लोग अपने ध्येय के लिए जूझते रहे पर विजय प्राप्त नहीं कर पाये। जीवन भर लड़ते रहे याने संघर्ष ही उनकी विशेषता रही परन्तु शिवाजी ने सब प्रकार का संघर्ष करते हुए भी अपने जीवन में ही विजय प्राप्त की। अपने ध्येय को पूर्ण किया। परिणामतः प्रथम तो प्रतिकूल परिस्थिति में संघर्ष कर समाज की भावना बदली तथा दूसरे अपने ध्येय की प्राप्ति की।

शिवाजी ने यह भी अनुभव किया कि आज सभी लोगों की श्रद्धा दिल्ली पर ही केन्द्रित है। देश में कोई भी हिन्दू सिहांसन नहीं है, हिन्दुओं का कोई भी श्रद्धा केन्द्र नही है। ऐसे केन्द्र के अभाव में जनता की श्रद्धा को विधर्मी दिल्लीश्वर की ओर से हटाकर, इसे अपनी स्वयं की हिन्दू सत्ता के रूप में एक स्वतंत्र सार्वभौम सिंहासन की ओर मोड़ने की आवश्यकता की पूर्ति हेतु, उन्होंने छत्रपति के नाते सिंहासनाधिपति राजा बनने की कल्पना को मूर्तरूप दिया। अतः देश की वर्तमान निराशा और चतुर्दिक संकटपूर्ण स्थिति से पार पाने के लिए हमें अद्‌भुत प्रतिभा के धनी नीतिज्ञ शिवाजी के पवित्र नाम का पुण्य स्मरण करना

चाहिए और उनके परम स्फूर्तिप्रद आदर्श जीवन कार्य से प्रेरणा प्राप्त करनी चाहिए।

उन्होंने केवल खेती करने वाले बेचारे अनपढ़ लोगों को साथ लिया था। उन अनपढ़ लोगों में से उन्होंने राष्ट्र पुरुष बनाये। बड़ी चतुराई से उन्होंने उनको अपना लिया। यवन और यवनियों के जाल में फंसकर यवन बने हिन्दुओं को भी उन्होंने पुनः अपने धर्म में परावर्तित कर उनसे अपना काम करवाया। यह बात उन्होंने तब की, जब कोई ऐसा विचार करने का साहस भी नहीं कर सकता था। जिसका एक बार धर्म भ्रष्ट हो गया वह सदैव के लिए भ्रष्ट हो जाता है, ऐसी एकांगी भावना जब चारों ओर थी तब उन्होंने पतित का परावर्तन किया। एक ऐसे ही स्त्री के प्रलोभन से यवन बने हुए सेनापति को शुद्ध करके उन्होंने हिन्दू बनाया ताकि अन्य लोग उनसे व्यवहार करने में संकोच न करें। इसलिए स्वयं को उससे संबंध प्रस्थापित करके उन्होंने बहुत बड़ा आदर्श भगवान् श्री कृष्ण के समान खड़ा किया।

शिवाजी ने पूर्व योजनानुसार अफजल खान से सुलह की बात छेड़ी। अफजल खां बड़ा ताकतवर और अभिमानी था। उसने समझा कि वह शिवाजी को जाल में फंसा रहा है इसलिए उसने सब शर्तें मान ली और वह शिवाजी से मिलने आ पहुँचा। फिर भी अफजल खां मन में सशंकित था किन्तु उधर शिवाजी के मन में पूरा विश्वास था। परिणामतः अफजल खां मारा गया और उसकी विशाल सेना का भी विनाश हुआ। शिवाजी को अभूतपूर्व विजय प्राप्त हुई और साथ ही प्राप्त हुआ लड़ाई का ढेरों साजोसामान।

राज्याभिषेक की यह घटना अंतर्राष्ट्रीय महत्त्व के रूप में सिद्ध हुई और इस घटना से उनका नाम सारी दुनिया में फैल गया। उस समय व्यापार के बहाने भारत आये अंग्रेज और फ्रेंच लोगों ने शिवाजी के बारे में लिखा कि एक असामान्य, अत्यंत श्रेष्ठ, बुद्धिमत्ता वाला, प्रखर

पराक्रमी महापुरुष भारत में उत्पन्न हुआ है। उसके सामने बाकी लोग टिक नहीं पा रहे हैं। जन जन की यह धारणा बन चुकी थी कि नेपोलियन, ज्यूलियस सीजर, हानीवाल जैसे श्रेष्ठ सेनापतियों से भी अधिक श्रेष्ठ महापुरुष शिवाजी के रूप में यहाँ उत्पन्न हुआ है। इस प्रकार शिवाजी को इस घटना के कारण अतंर्राष्ट्रीय प्रतिष्ठा एकाएक प्राप्त हो गयी।

छत्रपति ने *"प्रतिपक्षी को मारकर जिऊँगा"* ऐसी भावना स्वीकार की थी अर्थात् यदि सारी दुनियाँ के लोग विरुद्ध हुए तो उनको परास्त करके, यदि वे रास्ते में बाधा बनकर आये तो उनका विनाश करके जिएंगे। यह विजय की आकांक्षा, विजय पर अटल रहकर कार्य करने की प्रेरणा जीवन का प्रमुख सूत्र है, कि हर हुनर से विजय प्राप्त करना ही उनका लक्ष्य रहा। विजय पर ही उनकी दृष्टि पक्की डटी रही।

सत्रहवीं शताब्दी में छत्रपति शिवाजी महाराज के अंतःकरण में प्रकट हुए तेजस्वी स्फुरण "हिन्दवी स्वराज्य" ने इतिहास की दिशा बदल दी। इस स्फुरण के तेजस्वी संस्कार से उन्होंने भारत के राष्ट्रीय जनजीवन में व्याप्त स्वभाव के विस्मरण को ही नहीं धो डाला वरन् मुट्ठी भर साथियों में पराक्रम निर्माण कर साम्राज्य सिंहासन की पुनःप्रतिष्ठा की।

आज के दिन का बड़ा महत्त्व है। क्योंकि जब से परकीय लोगों ने अपने इस पवित्र देश में अपने राज्य प्रस्थापित करते हुए इस भूमि के पुत्रों को दासता का जीवन बिताने के लिए बाध्य किया, उस समय से लेकर फिर ऐसा महत्त्वपूर्ण दिन संभवतः कभी आया ही नहीं। उस समय से निरंतर पराभव के बीच यदा–कदा हमारा पौरुष प्रकट हुआ। पराक्रम की झलक दिखाई दी। कभी कुछ सफलता भी प्राप्त हुई। परन्तु उस सफलता को स्थाईरूप देकर जनसाधारण में उसके द्वारा आत्मविश्वास के निर्माण का कार्य संभवतः पूर्ण हुआ ही नहीं।

निकटतम भूतकाल के इस कर्त्तव्य का स्मरण कराने वाला यह हिन्दू साम्राज्योत्सव हिन्दुओं के पुनरुत्थान के विषय में दुर्दम्य आशा निर्माण करता है। इसलिए राष्ट्रीय चारित्र्य तथा हिन्दुओं की अस्मिता का पूंजीभूत आविष्कार करने वाले ऐतिहासिक महापुरुष का विजयशाली आदर्श इस दिन हम अपने सम्मुख रखते हैं।

राष्ट्र निर्माण के पुनीत कार्य हेतु स्वयं अपने पुत्र का मोह भी उन्हें रोक नहीं सका। अतः चारों ओर की विपरीत परिस्थिति में जबकि चारों ओर बड़े–बड़े लोग व मित्र इत्यादि अपनी स्वार्थपूर्ति के लिए राष्ट्र की हानि करने के लिए बद्धपरिकर दिखाई देते हैं। राष्ट्र कार्य पर अटल रहने वाले इस आदर्श पुरुष का हम चिंतन करें। उसकी ओर देखकर हम अपने जीवन की दिशा निर्धारित करें।

आज का दिन ज्येष्ठ शुक्ल त्रयोदशी अपने इतिहास का अत्यंत पवित्र दिवस है। इसी तिथि पर निकटतम भूतकाल में हिन्दू राष्ट्र के पुनरुत्थान का परिचायक एक भव्य कार्यक्रम सम्पन्न हुआ था और इन तीन सौ वर्षों में उस पर्व की शेष स्मृति दिन–प्रतिदिन अधिकाधिक उज्ज्वल तथा स्पष्ट बनाते रहने का श्रेय इसी दिवस को है।

हमारे लिए उनके जीवन से यही वैशिष्ट्य आत्मसात करने योग्य है कि राष्ट्र ही जीवन का सर्वस्व सार है। इसके लिए व्यक्ति को सर्वस्व का बलिदान करना भी अनुचित नहीं। राष्ट्र की उन्नति के रास्ते में आने वाली बाधाओं को दूर कर सब प्रकार के लोगों का संग्रह करते हैं। भले को भला और अपनी प्रतिभा से बुरे को अच्छा करके सबका विश्वास सम्पादित कर आगे बढ़ने वाले महापुरुष के आदर्श को आज सामने रखें। हम भी चारों ओर से हो रही राष्ट्र की हानि और राष्ट्र पुनर्निर्माण के लिए दिखने वाली निराशा को चीरकर विजय प्राप्त करने की वही दृढ़ता और विश्वास अपने जीवन में प्रकट करें। यावज्जीवन, रात–दिन अथक परिश्रम करके आज की परिस्थिति में राष्ट्र का

पुनरुत्थान करने वाले इस कार्य के लिए जीवन की बाजी लगाने का, सब प्रकार के वैयक्तिक मोह को त्यागकर खड़े रहने का उत्तम निश्चय ही हम लोग करें और इस आदर्श पुरुष की भविष्य में अधिकाधिक गौरवशाली कृति करके दिखायें और हम सब लोग भी मिलकर अपनी शक्तियाँ एकत्र कर भारत का भाग्यसूर्य एक बार पुनः अवश्य चमकायें। हम ऐसा निश्चय करें, वर्तमान परिस्थिति में भी सब आवश्यकताओं को ध्यान में रखकर निर्मित सुस्पष्ट रचना करने वाले संघ के छोटे से छोटे कार्य से लेकर बड़े से बड़े कार्य समान रुचि से पूर्ण करने के लिए हम आगे ही बढ़ते जायें। इस रूप में ही हम छत्रपति शिवाजी का वास्तविक स्मरण कर और उनके प्रति सच्ची श्रंद्धाजलि अर्पित कर सकते हैं।

घोर निराशा में दीप जलाकर।
आत्म विश्वास का संवल।।
पुनरुत्थान का शंख बजाकर।
जग''राम की विजय'' अटल।।

७

सिंहावलोकन

पर्व याने पोरा, पोरा याने जोड़ अर्थात् जिससे सकल अंग–प्रत्यंग परस्पर के ताने–बाने में जुड़े रहें और जुड़े रहकर ही आनंद, प्रसन्नता, विजय, सफलता, आशा आदि की अनुभूति करते रहें। यही अनुभूति उत्साह का प्रतीक होती है। यह जो उत्साह है उसे ही उत्सव कहते हैं। जो पर्वों के फलस्वरूप प्राप्त होता है परिणामतः पर्व की अभेद्यता ही उत्सव का रूप धारण कर लेती है जो जनमानस के मनोमस्तिष्क एवं अंतःकरण को आशान्वित, अविचलित, अडिग, अजेय बनाये रखने में उत्प्रेरक का कार्य करती है।

उत्सव–राष्ट्र कितना प्राचीन है, उसकी संस्कृति कितनी प्राचीन है न जाने कितने घातों एवं प्रतिघातों को लांघकर चिर पुरातन, नित–नूतनता का आज तक आभास कराते हैं। हम क्या थे ? हमने क्या–क्या कार्य किये उसका भी आभास कराते हैं। उत्सवों द्वारा हमने जगती का दिल जीता। शस्त्र बल से नहीं शास्त्र बल से। अनेक अंधविश्वासों को वैज्ञानिक रूप देकर सम्पूर्ण मानवता को धर्माचरण का पाठ पढ़ाया और आशा के पास लाकर खड़ा किया। धर्म का ही मार्ग सत्य, सनातन, शाश्वत, हितकारी, मंगलकारी है, ऐसे महामंत्र की

प्राण–प्रतिष्ठा कर मानो पेड़ की टहनियों को जड़ से जुड़े रहने का मार्ग प्रशस्त किया।

पुरुषार्थवाद का दीप जलाकर भाग्यवाद के अंधकार को दूर किया। कर्मों का फल ही भाग्य या प्रारब्ध बनकर फलीभूत होता है, अपने पुरुषार्थ द्वारा कमाई पूँजी ही वास्तविक जीवन का अवलम्बन बनती है और वही पूँजी हर सुख–दुःख में सच्चे मीत की सी भूमिका निभाती है। जो स्वयं अपने प्राणों का मोह न करते हुये अकेले ही मार्ग पर निकल पड़ता है और सम्पूर्ण बाधाओं को पार करता हुआ गंतव्य की पहली सीढ़ी पर पैर रखता है वही सच्चे अर्थो में पूर्व दिशा का तेजस्वी सूर्य बन जाता है। जो अपनी सफलता की कहानी स्वयं ही होता है। यह दैदीप्तमान सूर्य की गाथा ही भावी पीढ़ियों के लिए पथ–प्रदर्शक और मार्गदर्शन करती है।

जीवन के हरेक सोपानों की सफलता उसके सम्पूर्ण समर्पण में ही निहित होती है। आत्म विश्लेषण, मूल्यांकन की हर कसौटी पर कसकर कुंदन की तरह विशुद्ध चरित्र्य संपन्न हो, अहम्‌रहित हो, आसक्तिरहित हो, भक्ति सहित ईश्वर अर्पित कर्मों के द्वारा सर्वस्व होम के मनोभावों से आहुति होने की पराकाष्ठा करता हो तब कहीं जाकर जीवन मानवता के कल्याण का योग्य उपकरण बनकर भविष्य को अभीष्ट होता है। जो राह का निदर्शक, मूक पाषाण प्रतिमा बनकर चिरकाल तक पथ प्रशस्त करता है।

न कोई छोटा न कोई बड़ा सभी शरीर के प्राणवान अवयव हैं जिनका नाता–रिश्ता जीवंत है। जैसी शरीर के अंगो–प्रत्यंगों की जीवंतता है और एक–दूसरे के बिना एक–दूसरे के जीवन की कल्पना निरा मिथ्या है उसी प्रकार समाज जीवन के प्रत्येक अवयवों की भी परस्पर प्रतिबद्धता है। उनमें परस्पर संज्ञान, संवेदना, धारणा, चेतना की मूलभूत पराकाष्ठा है परस्पर हितों की सावधानी है, समान सुख–दुःख की अनुभूति, सभी के कल्याण की कामना सभी को

यथायोग्य सम्मान, न्याय, स्थान की व्यवस्था रूपी संपूर्ति में सहायक है। जो सर्वजन को बहुजन हिताय एकता के सूत्र में पिरोये रखने का साधन बनता है और अपनेपन का आभास कराता है।

विस्तार की भावना ही अदम्य साहस का मूक परिचय होती है विस्तार में ही महत्त्वाकांक्षा, विजय की चाह, सफलता की चाह, सर्वोच्च शिखर की सुखानुभूति छुपी होती है। जो अंतरनिहित शक्ति के संचार के अक्षयस्रोत के रूप में प्रकट होती है, जिसके बल पर प्रचण्ड शक्तिमान सूर्य भी समस्त बाधाओं के वक्ष को चीरकर भोर रूप में अपने आने का शंखनाद करता है और जीवन संचरण का माध्यम बनता है और जिसकी अपरिमित ऊर्जा पाकर सचराचर जगत प्राणवान होकर कदम दर कदम गंतव्य पथ की ओर प्रयाण करता है और दिग्विजयी होकर विमुक्त गगन में उन्मुक्त विहंग सा विचरण कर विजयोल्लास मनाता है, जयघोष करता है और सर्वत्र शांति की पुनर्प्रतिष्ठा कर सृष्टि का कल्याण करता है।

ममता के उदर में समता के बीज छिपे होते हैं। जब ममता स्वयं मातृ रूप धारण कर उदरस्थ समता को नवरूप देती है तभी "वसुधैव कुटुम्बकम्" की गंगा धरती पर अवतरित होकर काल कवलित हुतात्माओं की मुक्ति का साधन बन जाती है और तभी बहुप्रतिक्षित सपनों के साकार होने की घड़ी निकट आ जाती है। और लहलहा उठती है पतझड़ की मारी फुलवारी। सर्वत्र मलयागिरि की सुगन्ध मानो वसुधा पर बिखर जाती है और समेट लेती है अपनी बाँहों में सभी अपने स्वजनों को, बिना किसी भेदभाव के परस्पर आकण्ठ डूब जाते हैं उस अमृत से भीगे आंचल की छांव में, उसकी अथाह–चाह में और हो जाता है आत्मा–परमात्मा का मिलन एक क्षण में, जिसकी कोटिक वर्षों की साधना के उपरान्त संभावना होती है।

ऐसी अविच्छिन्न परम्परा का विकास पूर्वजों की अनथक साधना, तपस्या के फलस्वरूप ही संभव हुआ है। ऐसे वन्दनीय मनीषियों ने बड़े

ही यत्न पूर्वक कसौटी पर कसकर, मोती की भांति चमकाकर राष्ट्र देव के श्री चरणों में अक्षय पुष्पांजलि भेंटकर भावी पीढ़ी को अनुग्रहीत एवं चिर कृतज्ञ किया है। इसी के कारण धर्म, संस्कृति, राष्ट्र, समाज, जाति अनादि काल से आज तक गौरव की अनुभूति कर रही है और चिर पुरातन, नित्य–नूतन का उद्घोष, वैभव के सर्वोच्च शिखर पर चढ़कर "वयं अमृतस्य पुत्राः" का शंखनाद करते हुए अपनी अमरता का गगन भेदी उद्घोष कर जगती को संदेश दे रही है।

चरैवेति.... चरैवेति....

भारतीय कालगणना

ब्राहस्पत्य वर्ष के अनुसार संवत्सर

प्रत्येक संवत्सर का अपना पृथक् नाम है जिसे संकल्प में अमुक के स्थान पर बोला जाता है। यथा वर्ष (२०६२) संवत्सर का नाम विलम्ब था तो *"विलम्बनाम्नि संवत्सरे"* बोला जाता था यही क्रम आगे पोषण के लिए है। यथा–वर्ष नाम भी साठ हैं।

१. पूभव, २. विभव, ३. भुवल, ४. प्रमोद, ५. प्रजापति, ६. अंगिरा, ७. श्री मुख. ८. भाव, ९. युवा, १०. धाता, ११. ईश्वर, १२. बहुधाम, १३. प्रभायी, १४. विक्रम, १५. वृष, १६. चित्रभानु, १७. सुभानु, १८. तारण, १९. पार्थिव, २०. व्यय, २१. सर्वजित्, २२. सर्वधारी, २३. विरोधी, २४. विकृति, २५. खर, २६. नंदन, २७. विजय, २८. जय, २९. मन्मथ, ३०. दुर्मुख, ३१. हेमलख, ३२. विलम्ब, ३३. विकारी, ३४. शार्वरी, ३५. प्लव, ३६. शुभक्रत, ३७. शोभन, ३८. क्रोधी, ३९. विश्वावसु, ४०. पराभव,

४१. प्लावन, ४२. कीलक, ४३. सौम्य, ४४. साधारण, ४५. विरोधकृत, ४६. परिधावी, ४७. प्रमादी, ४८. आनंद, ४९. राक्षस, ५०. अनल, ५१. पिंगल, ५२. कालयुक्त, ५३. सिद्धार्थी, ५४. रौद्र, ५५. दुर्मति, ५६. दुन्दुभि, ५७. रचिरोदगादी, ५८. रक्ताक्ष, ५९. कोधन, ६०. क्षय।

यह संवत्सर का चक्र ब्राहस्पत्य कहलाता है जो ६० वर्ष का होता है।

भारतीय कालगणना

१ – बृहस्पति वर्ष

पूरे भारत वर्ष में हिन्दुओं के वर्षारंभ दिवस भी लगभग दस हैं। अधिकांश पंचांगों में वर्षारंभ चैत्र शुक्ल प्रतिपदा से होता है। प्रत्येक पंचांग के मुख पृष्ठ पर संवत्सर का एक नाम भी लिखा रहता है। उसका संबंध सौर वर्ष से नहीं, बल्कि बृहस्पति वर्ष से होता है। बृहस्पति वर्ष लगभग १२ सौर वर्षों में नक्षत्र सौरमण्डल की एक प्रदक्षिणा करता है। इसलिए १२ वर्षों का एक संवत्सर चक्र (युग) माना गया है। अतः सौर वर्ष को बृहस्पति का एक मास कहा गया है। बृहस्पति वर्ष ३६१ दिनों का होता है। वेदांग ज्योतिष के अनुसार पांच संवत्सरों के एक युग का वर्णन इस प्रकार है।

इसका प्रारंभ उत्तरायण से– माघ से और धनिष्ठा से होता था। इसमें ६० सौर मास, ६२ चन्द्रमास दो अधिमास, ६७ नक्षत्रमास, १८३० सावन दिन, १८६० तिथियाँ, ३० तिथि क्षय, १८०९ नक्षत्र होते थे।

युग से छोटा कालमान संवत्सर है इसे वर्ष कहते हैं। वेदों में वर्ष को (संवत्सर) महान् प्रजापति परमशुभ कहा है।

गोपथब्राह्मण में संवत्सर आदि देव और आध्यात्म होकर प्रतिष्ठित है। जो इस बात को जानता है। वह प्रजावान् और पशुमान् होकर प्रतिष्ठा पाता है। यह संवत्सर बृहती (वेदवाणी) से भिन्न है। बृहती के

३६ अंग होते हैं। जो यह जानता है वह संवत्सर स्वरूप है। संवत्सर महान् सुपर्ण (गरुण पक्षी) है। जिस दिन दिन–रात समान होते हैं उसे विषुवत् दिन कहते हैं। उसके पूर्व के ६ मास सुपर्ण के दक्षिण पक्ष हैं और बाद के ६ मास वाम पक्ष है। विषुवान (पसीना) है। पुरुष संवत्सर है। उसके दोपाद दिन–रात हैं। नख नक्षत्र है और अन्य अंग यज्ञ हैं। पुरुष एक है। और संवत्सर एक है। अर्थात् संवत्सर पुरुष (परमात्मा का शरीर) है।

सप्तर्षि मण्डल विविध मन्वन्तरों में, (विष्णु पुराण)

१. **प्रथम स्वायम्भुव मन्वन्तर में**:–मरीचि, अत्रि, अंगिरा, पुलत्स्य, पुलह, कृतु, वशिष्ठ।

२. **द्वितीय स्वारोचिष मन्वन्तर में**:–अर्ज, स्तम्भ, वात, प्राण, वृषभ, निरह, परीवान।

३. **तृतीय उत्तम मन्वन्तर में**:–महर्षि वशिष्ठ के सातों पुत्र।

४. **चतुर्थ तामस मन्वन्तर में**:–ज्योतिर्धामा, प्रभु, काण्व, चैत्र, अत्रि, बनक, पीवर।

५. **पंचम रैवत मन्वन्तर में**:–हिरण्यरोमा, वेदश्री, ऊर्ध्ववाहु, वेदवाहु, सुधामा, पर्जन्य, महामुनि।

६. **षष्ठ चाक्षुस मन्वन्तर में**:–सुमेधा, विरजा, हविष्मान्, उत्तम, मधु अतिनामा, सहिष्णु।

७. **सप्तम वैवस्वत मन्वन्तर में**:–(वर्तमान), कश्यप, अत्रि, वशिष्ठ, विश्वामित्र, गौतम, जमदग्नि, भारद्वाज।

८. **अष्टम सावर्णिक मन्वन्तर में**:–मालव, दीप्तिमान्, परशुराम, अश्वत्थामा, कप, श्रृष्टाश्रंग, व्यास।

९. **नवम दक्षसावर्णि मन्वन्तर में**:–मेघातिथि, वसु, सत्य, ज्योतिष्मान्, द्युतिमान्, सवन, भव्य।

१०. **दशम ब्रह्मसावर्णि मन्वन्तर में:**—ततोमूर्ति, हविष्मान्, सुकृत, सत्य, नाभाग, अप्रतिमौजा, सत्यकेतु।

११. **एकादश धर्मसावर्णि मन्वन्तर में:**—वदुरामान, घृणि, आरुणि, निःस्वर, हविष्मान्, अनघ, अग्नितेज।

१२. **द्वादश रुद्रसावर्णि मन्वन्तर में:**—तपो द्युति, तपस्वी, सुतपा, तपोमूर्ति, तपोनिधि, तपोरति, तपोधृति।

१३. **त्रयोदश देवसावर्णि मन्वन्तर में:**—धृतिमान् अव्यय, तत्त्वदर्शी, विमत्सुक, निर्मोह, सुतपा, निष्प्रकम्प।

१४. **चतुर्दश इन्द्र सावर्णि मन्वन्तर में:**—अग्रीध्र, अग्निबाहु, शुचि युक्त, मागध, शुक्र, अजित।

रत्नकोष के अनुसार

सप्त ब्रह्मर्षि देवर्षि महर्षि परमर्षयः।
काण्डर्षिश्च श्रुतर्षिश्च राजर्षिश्च कमावरा।।

१. ब्रहर्षि – वशिष्ठ

२. देवर्षि – कण्व

३. महर्षि – व्यास

४. परमर्षि – भेत

५. काण्डर्षि – जैमिनी

६. श्रुतर्षि – सुश्रुत

७. राजर्षि – ऋतुपर्ण

हिन्दू धर्मपरिचय

१. कल्पज्ञानः– परमेष्ठि मण्डल स्वायुभूमण्डल का परिभ्रमण करता है। यानी आकाश गंगा अपनी ऊपर वाली आकाश गंगा का

चक्कर लगा रही है। इस काल को कल्प कहा गया है। याने इसका माप है ४ अरब ३२ करोड़ वर्ष (४३२००००००) इसे ब्रह्मा का एक दिन कहा गया। जितना बड़ा दिन उतनी बड़ी रात अतः ब्रह्मा का अहोरात्रि याने ८६४ करोड़ वर्ष है। ब्रह्मा का वर्ष याने – ३१ खरब १० अरब ४० करोड़ वर्ष। ब्रह्मा की सौ वर्ष की आयु अथवा ब्रह्माण्ड की आयु ३१ नील १० खरब ४० अरब वर्ष है। (३१, १०, ४०, ०००००००००)।

२. **मन्वन्तर मानः**–सूर्य मण्डल के परमेष्ठि मण्डल (आकाश गंगा के केन्द्र का चक्र पूरा होने पर उसे मन्वन्तर काल कहा गया। इसका माप (३०६७२००००) तीस करोड़ सड़सठ लाख बीस हजार वर्ष) एक से दूसरे मन्वन्तर के बीच १ संध्यांश सतयुग के बराबर होता है। अतः संध्यांश सहित मन्वन्तर का मान हुआ। (३० करोड़ ८४ लाख ४८ हजार वर्ष) (आधुनिक मान में सूर्य २५ से २७ करोड़ वर्ष में आकाश गंगा के केन्द्र का चक्र पूरा करता है।

३. **युगमानः**–४३२००० वर्ष मे सातों ग्रह अपने भोग चार को छोड़ एक जगह आते हैं इस युति के काल को कलियुग कहते हैं।

मानव के ३६० वर्ष = १ दिव्यवर्ष

१२०० दिव्यवर्ष = ४३२००० वर्ष १ कलियुग

२ कलियुग = १ द्वापर

३ कलियुग = १ त्रेता

४ कलियुग = सत्ययुग

१० कलियुग = १ महायुग (चतुर्युग)

७१ महायुग = १ मनुकाल

१ मनुसंधि = १ सत्ययुग

१५ मनुसंधि = ६ महायुग

१४ मनु + १५ मनुसंधि = १००० महायुग = १ कल्प = ब्रह्मा का एक दिन

२ कल्प = ब्रह्मा का अहोरात्रि

ब्रह्मा की आयु = अपने दिनमान से १०० वर्ष। ब्रह्मा = विष्णु का १ निमेष, १ विष्णु = शिव का १ निमेष।

युगों की तिथि :– वर्तमान कलियुग से ३१०२ वर्ष पूर्व २० फरवरी को २ बजकर २७ मिनट ३० सैकण्ड पर हुआ था।

१. सत्ययुग – कार्तिक शुण्व – श्रावण नक्षत्र – वृद्धियोग।

२. त्रेतायुग – वैशाख शु० ३ – रोहिणी – शोभन

३. द्वापरयुग – माघ कृ० ३० – धनिष्ठा – वरीमान

कलियुग – भाद्र कृ १३ – कृत्तिका – व्यतीपात।

संकेत– कलियुग महाभारत युद्ध के ३६ वर्षों बाद प्रारंभ हुआ था।

स्थूल काल विभाग

१. ३ निमेष = १ क्षण,

२. ५ क्षण = १ काष्ठा,

३. १५ काष्ठा = १ लघु,

४. १५ लघु = १ नाडिका,

५. २ नाडिका = १ मुहूर्त,

६. ३० मुहूर्त = १ अहोरात्रि,

७. ७ अहोरात्रि = १ सप्ताह।

८. १५ अहोरात्रि = १ पक्ष।

९. २ पक्ष = १ मास।

१०. २ मास = १ ऋतु।

११. ३ ऋतु = १ अयन।

१२. २ अयन = १ वर्ष।

४. **सौर कालमानः**–पृथ्वी अपनी कक्षा पर प्रतिदिन लगभग ५९ कला चलती है। इसे ही हम सूर्य का चलना कहते हैं और इसे ही सौर दिन कहा जाता है।

५. **योगः**–सूर्य–चन्द्र की गतियों का अंतर तिथि होता है। इसके विपरीत सूर्य–चन्द्र की गतियों को योग कहते है। इन दोनों की गति का योग ८०० कला हो जाये तो एक योग होता है योग २७ हैं।

१. विष्कम्भ, २. प्रीति, ३. आयुष्मान्, ४. सौभाग्य, ५. शोभन, ६. अतिगण्ड, ७. सुकर्मा, ८. धृति, ९. शूल, १०. गण्ड, ११. वृद्धि, १२. ध्रुव, १३. व्याघात, १४. हर्षण, १५. वज्र, १६. सिद्धि, १७. व्यतीपात, १८. वरीयान, १९. परिध, २०. शिव, २१. सिद्धि, २२. साध्य, २३. शुभ, २४. शुक्ल, २५. ब्रह्म, २६. ऐन्द्र, २७. वैधृति।

६. **वर्षमानः**–पृथ्वी सूर्य के आस पास १ लाख किलोमीटर की गति से ९६६०००००० किलोमीटर लम्बे पथ का ३६५ दिन में एक चक्र पूरा करती है। इस काल को वर्षमान कहते हैं।

७. **सावन कालमानः**–सूर्योदय से सूर्योदय तक का समय सावन दिन कहा जाता है। सभी लोक व्यवहार इसी कालमान से किए जाते है।

८. **चन्द्रकालमानः**–चन्द्रमा प्रतिदिन लगभग १३ अंश ८ कला १९ विकला चलता है। अमावस्या को सूर्य चन्द्र का साथ होते ही तेज चलने से चन्द्रमा आगे–आगे चलता है और सूर्य पीछे–पीछे। चन्द्रमा से सूर्य के हर १२ अंश पिछड़ने पर एक–एक तिथि होती है। पूर्णिमा को सूर्य और चन्द्र की दूरी १५×१२= १८० अंश होती है। इस दिन दोनों आमने सामने होते हैं सूर्य अस्त होता रहता है और चन्द्र उदय होता रहता है। सूर्यास्त के बाद यदि चन्द्रमा दिखे तो शुक्ल पक्ष नहीं कृष्ण पक्ष समझना चाहिए।

९. **नक्षत्रमानः**–पृथ्वी का कोई निश्चित स्थान किसी निश्चित नक्षत्र के सामने से घूमता हुआ अगले दिन जब पुनः उसी नक्षत्र के सामने आ जाता है तो नक्षत्रों का एक चक्र पूरा हो जाने से एक नक्षत्र दिन कहलाता है। इसे ही नक्षत्रमान कहते हैं।

१०. **ऋतुकालमानः**–जब पृथ्वी घूमती हुई ऋतु से ऋतु पहुँचती है। तब ऋतुचक्र या ऋतुकालमान कहा जाता है।

११. **मासः**–

१. मधु (चैत्र)

२. माधव (वैशाख)

३. शुक्र (ज्येष्ठ)

४. शुचि (आषाढ़)

५. नभः (श्रावण)

६. नमस्य (भाद्रपद)

७. इष (आश्विन)

८. ऊर्ज (कार्तिक)

९. सहः (मार्गशीर्ष)

१०. सहस्य (पौष)

११. तपः (माघ)

१२. तपस्य (फाल्गुन)

१३. मालिम्लूच (अधिमास या मलमास)

(भागवत महापुराण)

१२. **तैत्तरीय ब्राह्मण के अनुसारः**–

शुक्ल पक्ष– १. पवित्र, २. पवयिष्यन, ३. दूत, ४. मेहम, ५. यश, ६. यशस्वान्, ७. आयु, ८. अमृत, ९. जीव, १०. जाविष्यन्, ११. स्वर्ग, १२. लोक।

कृष्णपक्ष– १. सहस्वान्, २. सहीयान्, ३. ओजस्वान्, ४. सहमान्, ५. जयत, ६. अभिजयत, ७. रुद्रविण, ८. द्रविणोदा, ९. आद्रपवित्र, १०. हरिकेश, ११. मोद, १२. प्रमोद।

मुहूर्त–

	वेदों के 60 मुहूर्त				ज्योतिष 30 मुहूर्त	
क्र०	दिन	रात्रि	दिन	रात्रि	दिन	रात्रि
1.	चित्र	दाता	प्रस्तुत	अभिशास्ता	शिव	शिव
2.	केतु	प्रदाता	विष्टुत	अनुमन्ता	सर्प	अजपात
3.	प्रभान	आनंद	संस्तुत	आंनद	मित्र	अहिर्बुहन्य
4.	आभान	मोद	कल्याण	मोद	पितर	पूषन
5.	सेमान	प्रमोद	विश्वरुप	प्रमोद	वसु	अश्वि
6.	ज्योतिवमान	अविशत	शुक्र	आसादयन	जल	यग
7.	तेजस्वान	निवेशन	अमृतृ	निसादयन	विश्व	अग्नि
8.	आतपन	संपेशन	तेजस्वी	संसादन	अभिजित	ब्रहम
9.	तपन	संशान्त	तेज	सादन	विधाता	सोम
10.	अमितपन	शान्त	समृद्ध	संसन्न	इन्द्र	अदिति
11.	रोचन	आभवत	अरुण	आभू	इन्द्राग्न	गुरु
12.	रोचमान	प्रभवन	भानुपान	पिभू	निर्झति	विष्णु
13.	शोभन	संभवन	मरीचिमान	प्रभू	वरुण	सूर्य
14.	शोभमान	संभूत	अभिजित	शंभू	अर्यमा	त्वष्टा
15.	कल्याण	भूत	तपस्वान	भूव	भग	वायु

संकेत– १ मुहूर्त में १५ उपमुहूर्त्त होते है।

१. इदानीं, २. तदानीं, ३३. एतर्हि, ४. क्षिप्र, ५३. अचिर, ६. आशु, ७. निमेष, ८. फण, ९. द्रवन, १०. अतिद्रवन, ११. त्वरन, १२. त्वरमाण, १३. आशु, १४. अशीमान्, १५. जव।

द्वि घटिका या (दो घड़िया) मुहूर्त

दो घड़िया या मुहूर्त = ४५ मिनट के होते हैं। इनकी संख्या १६ है। १६ मुहूर्त दिन में १६ मुहूर्त रात्रि में होते हैं।

१.	रौद्र	९.	रावण
२.	श्वेत	१०.	बालव
३.	मैत्र	११.	विभीषण
४.	चार्वट	१२.	सुनन्दन
५.	जयदेव	१३.	याम्य
६.	वैरोचन	१४.	सौम्य
७.	तुरंग	१५.	भार्गव
८.	अभिजित	१६.	सावित्र

दिवस का प्रारंभ रौद्र से और अस्त सावित्र से होता है।

इस प्रकार सूक्ष्मतम से महत्तम कालगणना बृहस्पति वर्ष से विशुद्ध वैज्ञानिक ढंग से वर्णित है अर्थात् काल सूक्ष्मतम अंश परमाणु और महत्तम अंश ब्रह्म आयु है।

शुकदेव मुनि के अनुसारः–

१. २ परमाणु = १ अणु,
२. ३ अणु = १ त्रसरेणु,
३. ३ त्रसरेणु = १ त्रुटि,
४. १०० त्रुटि = १ वेध,
५. ३ वेध = १ लव,
६. ३ लव = १ निमेष,
७. ३ निभेष = १ क्षण,
८. ५ क्षण = १ काष्ठा
९. १५ काष्ठा = १ लघु,
१०. १५ लघु = १ नाडिका,
११. २ नाडिका = १ मुहूर्त्त,
१२. ३० मुहूर्त्त = १ दिन रात (अहोरात्रि)
१३ १५ निमेष = १ काष्ठा,
१४. ३० काष्ठा = १ कला,
१५. ३० कला = १ मुहूर्त्त,
१६. ३० मुहूर्त्त = १ दिनरात (अहोरात्रि),
१७. ७ अहोरात्रि = १ सप्ताह,
१८. २ सप्ताह = १ पक्ष,
१९. २ पक्ष = १ मास,
२०. २ मास = १ ऋतु,
२१. ३ ऋतु = १ अयन
२२. २ अयन = १ वर्ष,
२३. ३६० वर्ष = १ दिव्यवर्ष,
२४. १२०० दिव्यवर्ष = कलियुग
२५. २ कलियुग = १ द्वापर
२६. ३ कलियुग = १ त्रेता।
२७. ४ कलियुग = १ सतयुग।
२८. ४ युग = १ चतुर्युग (महायुग)
२९. ७१ महायुग = १ मन्वन्तर ३०६७२०००।
३०. १४ मन्वन्तर = १ कल्प ४३२००००००००।
३१. १ कल्प = १ सध्यांश।
३२. १ संध्यांश = १५ सत्ययुग
३३. एक कल्प–ब्रह्मा का दिन।
३४. १ ब्रह्मा = विष्णु का १ निमेष
३५. १ विष्णु = शिव का १ निमेष
३६. १ ब्रह्मा = शिव का १ निमेष
३७. १ विष्णु = शिव का १ निमेष

२. चन्द्रवर्ष

चन्द्रवर्ष ३५४ दिवस ८ होरा (घण्टा) ४८ पल (मिनट) ३६ – ६ विपल (सेकेण्ड) का है। ३५४ दिवस २२ घटी, १ पल का होता है। सौर वर्ष ३६५ दिवस ५ होरा (घंटा) ४८ पल (मिनट) ४६ (विपल) सेकेण्ड का है अर्थात् ३६५ दिवस १४ घटी ३१ पल ५४ विपल का होता है। यही अंतर ३२ – ३३ मासों में एक मास तुल्य होता है। उसे ही अधिमास कहा जाता है।

संवत्सर से छोटा कालमान यान (गोल) या अयन है। वैदिक साहित्य में देव और पितृ नामक दो यानों का वर्णन है। अर्थात् देवयान (उत्तर गोल) पितृयान (दक्षिण गोल)।

१. **चन्द्रमासः**– मास में २९ दिन ३१ घटी ५० पल का होता है।

२. **अधिमासः**– चन्द्रवर्ष ऋतु चक्र के साथ नहीं चलता। इसलिए इसका सौर वर्ष के साथ समन्वय किया गया है। सौर वर्ष ३६५ दिवस १५ घटी ३१ पल का तथा चन्द्रवर्ष ३५४ दिवस २२ घटी १ पल का होता है। इन दोनों का अंतर १० दिवस ५२ घटी ३० पल होता है। जो साढ़े बत्तीस मास में एक चन्द्रमास से अधिक हो जाता है। इसे सौरमास के साथ रखने के लिए पूर्वमास में ही गिन लिया जाता है। जिससे चन्द्रमास की गिनती सौर मास की तुलना में एक बढ़ने की अपेक्षा समान ही रहती है। इसी को अधिमास या मलमास कहा जाता है। इसमें कोई संक्राति नहीं होती।

३. **क्षयतिथिः**– १ तिथि का मान २१३२० असु होता है और एक सावन दिन का मान २१६५९ असु का। दोनों का अंतर ३३९ है। अर्थात् १ तिथि से ३३९ असु अधिक प्रतिदिन बीतता है। इस प्रकार ६३ दिन में एक पूरी तिथि अधिक बीत जाती है। इस तिथि में सूर्य का उदय नहीं होता। अर्थात् दो सूर्योदय के बीच में ही वह अधिक तिथि बीत जाती है। इसे ही क्षयतिथि कहा जाता है।

४. राशियाँः– १ मेष, २ वृष, ३ मिथुन, ४ कर्क, ५ सिंह, ६ कन्या, ७ तुला, ८ वृश्चिक, ९ धनु, १० मकर, ११ कुम्भ, १२ मीन।

पृथ्वी पर इन राशियों की रेखा निश्चित की गई है। जिसे क्रांति कहते है ये क्रांतियाँ विषुवत् रेखा (भूमध्य रेखा) से २४ उत्तर में और २४ दक्षिण में मानी जाती हैं। उस क्रांति के नाम पर सौर मास होता है।

५. नक्षत्रः– (विज्ञान की उज्ज्वलपरम्परा से)

१ अश्विनी, २ भरणी, ३ कृतिका, ४ रोहिणी, ५ मृगशिरा, ६ आर्द्रा, ७ पुनर्वसु, ८ पुष्य, ९ अश्लेषा, १० मघा, ११ पूर्वा फाल्गुनी, १२ उत्तरा फाल्गुनी, १३ हस्त, १४ चित्रा, १५ स्वाति, १६ विशाखा, १७ अनुराधा, १८ ज्येष्ठा, १९ मूल, २० पूर्वाषाढ़, २१ उत्तराषाढ़, २२ श्रवणा, २३ धनिष्ठा, २४ शतभिषाक, २५ पूर्व भाद्रपद, २६ उत्तर भाद्रपद, २७ रेवती।

२७ नक्षत्रों में प्रत्येक के चारपाद किए गये है। इस प्रकार कुल १०८ पाद है। इनमें से नौपाद की आवृत्ति के अनुसार १२ राशियों के नाम रखे गये है।

क्र. सं.	*नक्षत्र*	*तारा संख्या*	*कालांश*	*भोगांश*	*सारांश*
१.	अश्विनी	३	१४	१० ६	८ ३० उत्तर
२.	भरणी	३	२१	२४ २४	१० २४ उत्तर
३.	कृतिका	६	१५	३६ ६	४ ६ उत्तर
४.	रोहिणी	५	१४	४५ ५४	५ ३० दक्षिण
५.	मृगशिरा	३	२१	५९ ५४	१३ २४ दक्षिण
६.	आद्रा	१	१५	६४ ५४	१६ ० दक्षिण

७.	पुनर्वसु	९	१३	८९ २४	६ ४२ उत्तर
८.	पुष्य	३	२१	१०४ ५४	५ ६ उत्तर
९.	अश्लेषा	५	१५	१०९ ४८	५ ६ दक्षिण
१०.	मघा	५	१४	१२६ ०	० ३० उत्तर
११.	पूर्वा फाल्गुनी	२	१४	१३९ ३६	९ ४२ उत्तर
१२.	उत्तरा फाल्गुनी	२	१४	१४७ ४८	१२ १८ उत्तर
१३.	हस्त	५	१४	१६९ ३६	१२ १२ दक्षिण
१४.	चित्रा	१	१३	१८० ०	२ ० दक्षिण
१५.	स्वाति	१	१३	१८० २४	३० ४८ उत्तर
१६.	विशाखा	४	१४	२०७ ४२	१ ४८ उत्तर
१७.	अनुराधा	४	१५	२१८ ४२	२ ० उत्तर
१८.	ज्येष्ठा	३	१३	२२५ ५४	४ ३६ दक्षिण
१९.	मूल	११	१५	२३९ ०	६ ३६ दक्षिण
२०.	पूर्वाषाढ़	२	१५	२५० ४२	६ ३० दक्षिण
२१.	उत्तराषाढ़	२	१५	२५८ ४८	३ ३० दक्षिण
२२.	अभिजित्	३	१३	२६१ ५	६१ ४२ उत्तर
२३.	श्रवणा	४	१४	२७७ ५४	२९ १८ उत्तर
२४.	धनिष्ठा	४	१४	२९३ ५	३३ ० उत्तर

२५.	शतभिषाक	१००	१७	३१७ ४२	० २४ दक्षिण
२६.	पूर्व भाद्रपद	२	१७	३३० ४२	१९ २४ उत्तर
२७.	उत्तर भाद्रपद	२	१७	३५० ३०	२५ ४२ उत्तर
२८.	रेवती	३२	१७	३५९ १८	३ ६ दक्षिण

६. मासः– १ चित्रा, २ विशाखा, ३ ज्येष्ठा, ४ आषाढ़, ५ श्रावण, ६ भाद्रपद, ७ अश्विनी, ८ कृतिका, ९ मृगशिरा, १० पुष्य, ११ मघा, १२ फाल्गुनी।

अतः इसी आधार पर चैत्र, वैशाख, ज्येष्ठ, आषाढ़, श्रावण, भाद्रपद, आश्विन, कार्तिक, मार्गशीर्ष, पौष, माघ, फाल्गुन ये चन्द्रमासों के नाम पड़े।

७. पक्षः– पृथ्वी की परिक्रमा में चन्द्रमा का १२ वां अंश चलना एक तिथि कहलाता है। अमावस्या को मानकर चन्द्रमा पृथ्वी तथा सूर्य के मध्य रहता है। इसे ० अंश कहते हैं यहाँ से १२ अंश चलते जब चन्द्रमा सूर्य से १८० अंश उत्तर पर आता है तो उसे पूर्णिमा कहते हैं। इस प्रकार प्रतिपदा से पूर्णिमा वाला पक्ष शुक्ल पक्ष कहलाता है तथा प्रतिपदा से अमावस्या वाला पक्ष कृष्णपक्ष कहलाता है।

८. तैतरीय ब्राह्मण के अनुसारः– (विदेहराज–जनक का कथन)

१. शुक्ल पक्ष के १५ दिवसः– १. संज्ञान, २. विज्ञान, ३. प्रज्ञान, ४. जानद, ५. अभिजानत्, ६. संकल्पमान, ७. प्रकल्पमान, ८. उपकल्पमान, ९. उपक्तृप्त, १०. वलृप्त, ११. श्रेयो १२. वसीय, १३. आयात, १४. संभूत, १५. भूतम।

२. शुक्ल पक्ष की १५ रातें:– १. दर्शा, २. दृष्टा, ३. दर्शता, ४ विश्वरूपा, ५. सुदर्शना, ६. अपायमाना, ७. पायमाना, ८. प्याया, ९. सुनृता, १०. इरा, ११. आपूर्यमाणा १२. पूर्यमाणा १३. पूरयन्ती, १४. पूर्णा १५. पूर्णमासी।

१. कृष्ण पक्ष के १५ दिवस:– १. प्रस्तुतं, २. विष्टुतं, ३. संस्तुतं, ४. कल्याणं, ५. विश्वरूपं, ६. शुक्रं, ७. अमृतं, ८. तेजस्वी, ९. तेज, १०. समृद्ध, ११. अरुणो भानुमान १२. मरीचिमान, १३. अभितपत १४. तपत १५. तपस्वत।

२. कृष्ण पक्ष की १५ रातें:– १ सुता, २ सुन्वती, ३ प्रसुता, ४ सूयमाना, ५ अभिषूयमाना, ६ दीती, ७ प्रदा, ८ सभ्या, ९ तृप्ति, १० तर्पयन्ती, ११ कान्ता १२ काम्या १३ कामजाता, १४ आयुष्मती १५ कामदुधा।

९. धर्मशास्त्रों के अनुसार:– प्रादुर्भाव तिथि

१. चैत्र = शुक्ल

२. कच्छप (कूर्म) = वैशाख पूर्णिमा

३. वाराह = भाद्र शु० ३

४. नृसिंह = वैशास शु० १४

५. वामन = भाद्र शु० १२

६. परशुराम = वैशाख शु० ३

७. राम = चैत्र शु० ९

८. कृष्ण = भाद्र कृष्ण ८ (बलराम = भाद्रपद शु० २)

९. बुद्ध = ज्येष्ठ शु० २

१०. भारतीय संवत्सरों की प्राचीनता [गणना १/४/१९४९]

भारतीय (नाम)		वर्तमान वर्ष
१. कल्पाब्द	–	१,९७,२९,४९०५०

२. सृष्टिसंवत्	—	१,९६,५८,८५०५०
३. वामनसंवत्	—	१,९५,०८,८९,०५०
४. श्री रामसंवत्	—	१,२५,६६०५०,
५. श्री कृष्णसंवत्	—	५१७५
६. युधिष्ठिर संवत्	—	५०५०
७. बौद्ध संवत्	—	२५२४
८. महावीर संवत्	—	२४७६
९. श्री शंकराचार्य संवत्	—	२२२९
१०. चेटी चंडो संवत्	—	२१०७, संत–झूलेलाल
११. विक्रम संवत्	—	२००६
१२. शालिवाहन शक संवत्	—	१८७१
१३. कलचुरी संवत्	—	१७०१
१४. वलभभी संवत्	—	१६२९
१५. फसली संवत्	—	१३६०
१६. बंगला संवत्	—	१३५६
१७. हर्षाब्द	—	१३४२

विदेशी संवत		***वर्तमान वर्ष***
१. चीनी सन्	—	९,६०,०२,२४७
२. खताई	—	८,८८,३८,३२०
३. पारसी	—	१,८९,९१७
४. मिस्त्री	—	२७६०३
५. तुर्की	—	७५५६
६. आदम	—	७३०१
७. ईरानी	—	५९५४
८. यहूदी	—	५७१०
९. इब्राहिम	—	४३८९

१०. मूसा	–	३६५३
११. यूनानी	–	३५२२
१२. रोमन	–	२७००
१३. ब्रह्मा	–	२४९०
१४. मलयकेतु	–	२२६१
१५. पार्थियन	–	२१९६
१६. ईस्वी	–	१९४९
१७. जावा	–	१८७५
१८. हिजरी	–	१३१९

३. सौरवर्षः– सौरवर्ष – ३६५ दिवस ५ घण्टा (होरा) ४८ मिनट (पल) ४६ सेकेण्ड विपल का है। अर्थात् ३६५ दिवस, १४ घटी, ३१ पल ५४ विपल का होता है।

१. काल विभाग

१ वृत्त = ३६० अंश

१ अंश = ६० कला

१ कला = ६० विकला

१ वृत्त = १२ राशियाँ

१ राशि = ३० अंश

१०० त्रुटि = १ तत्पर

३० तत्पर = १ निमेष

१८ निमेष = १ काष्ठा

३० कला = १ घटी

२ घटी = १ मुहूर्त्त

३० मुहूर्त्त = १ दिन–रात

२. संकेतः– स्वस्थ व्यक्ति एक श्वांस में १० दीर्घ मात्रा का उच्चारण करता है। इस काल को असु अथवा प्राण कहा जाता है।

६ असु = ६० विपल = १ पल

६० पल = १ घटी

६० घटी = १ दिनरात्रि अहोरात्रि

१ अहोरात्रि = २१६०० असु = ९७२०० निमेष

४५ निमेष = १ असु

३ दिन और रात = युग या अहोरात्रि

तीस दिन का चन्द्रमास

३६१ दिन का बृहस्पति वर्ष

३५४ दिन का चन्द्रवर्ष

३६५ दिन का सौरवर्ष

१२ मासों का = संवत्सर

२ मास = ऋतु

१२ घण्टे = १ दिन

१२ घण्टे = १ रात्रि

७ दिन = १ सप्ताह

१५ दिन = १ पखवाड़ा

३० दिन = १ मास

६० दिन = १ ऋतु

३ ऋतु = १ अयन

२ अयन = १ वर्ष

३६५ दिन = १ वर्ष

३६० वर्ष = १ दिव्यवर्ष

१२०० दिव्यवर्ष = १ कलियुग की आयु।

1 कलियुग = 4,32000 वर्ष

1 द्वापर = 864000 वर्ष

1 त्रेता = 12,96000 वर्ष

1 सत्युग = 1728000 वर्ष

२. उत्तरायण/दक्षिणायनः– पृथ्वी अपनी कक्षा पर २३½ अंश उत्तर पश्चिम में झुकी हुई है। अतः विषुवत रेखा से २३½ अंश उत्तर या दक्षिण में सूर्य की किरणें लम्बवत् पड़ती हैं। सूर्य किरणों का लम्बवत् पड़ना संक्रांति कहलाता है। इसमें २३½ अंश उत्तर को कर्क रेखा और २३½ अंश दक्षिण को मकर रेखा कहा जाता है। भूमध्य रेखा को ० अंश विषुवत् वृत्त रेखा कहते हैं। इसमें कर्क संक्राति को उत्तरायण और मकर संक्राति को दक्षिणायण कहते हैं।

इस प्रकार विशुद्ध वैज्ञानिक ढंग से भारतीय मनीषियों ने सूक्ष्मतम से महत्तम कालगणना का बड़े ही प्रयत्नपूर्वक वर्णन कर भारत एवं उसके धर्म और संस्कृति तथा समाज की सनातनता को स्थापित किया है। उन कोटिक ऋषियों मुनियों के हम सभी सर्वदा कृतज्ञ रहेंगे।

"आदि से अंत का आंकलन।
चिर दीर्घायु का द्योतक।।
लघु से गुरु का सूक्ष्म संकलन।
जग"राम–बीज" उद्घोषक।।